『秋田音頭考・西馬音内盆踊り考』

小田島清朗

『秋田音頭考・西馬音内盆踊り考』● 目次

秋田音頭考

表紙写真　高橋キヌ子社中「秋田音頭だんまり踊り」

裏表紙写真　西馬音内大橋の欄干

秋田音頭考

はじめに

〽ヤートーセ　コラ秋田音頭です　ハイ　キッタカサッサ（ドン！）　コイサッサ（ドン！）　コイナ

〽コラ　いずれこれより御免こうむり音頭の無駄を言う（アーソレソレ）当たり障りもあろうけれども　さっさと出しかける　ハイ　キッタカサッサ（ドン！）　コイサッサ（ドン！）　コイナ

ご存知「秋田音頭」。この歌は秋田を代表する民謡であり、秋田の人々の一番好きな歌で、かつ、県民性を最もよく表しているものではないかと思う。

昭和十二年刊行の仙台中央放送局編『東北の民謡』（日本放送出版協会発行）では、「秋田音頭」はこう解説されている。

太鼓、鼓、笛、鉦、三味線の軽快陽気な調子の中に、時々ドンと太鼓の一打にホッと息を抜かせて「地口」で巧妙な社会風刺や男女情事の諧謔的表現に万座をドッと浮き立たす。

陰鬱なる空、尺余の積雪の下に約半歳埋もれた秋田人士が陽春を迎えて、老いも若きも圧搾された生命を奔騰(ほんとう)せしめるこの音頭に接しては、歓喜の感情を爆発させて、行楽の三昧境に飛び込んで仕舞う。

歌詞には別段の曲節も付さず、「地口」でこれだけの代表民謡としての不動の位置にあるのは、踊りと囃子によるのである。全く特異性をもつものと云って良い。(1)

全く特異な歌である。旋律は歌い出しの「ヤートーセー」のみで、あとは囃し言葉も歌詞もリズミカルな文句の連続。日本全国、こんな歌は他にない。歌詞はいくつもあるが、一番の特徴はひねりを利かせた滑稽なことがら(勿論、秋田弁である)。旋律の歌唱に気を使うことがないので、それは次々に生まれ、その数は文字にされることなく消えていったものを含めると膨大になろう。しかも踊りも、直線的な動きが主で、それに曲線的な動きが付随するという特徴を持ち、これまた独特。

秋田音頭［木版画・勝平得之］

秋田民謡の殆どは、もともとは他地域から入って来た歌が秋田で秋田風に味付けされてできたものと言われているが、この秋田音頭こそはまさしく秋田で生まれ育った正真正銘のオリジナルな民謡である。そのことは胸を張って主張できよう。

だが、ちょっと待ってほしい。この歌が生まれ育ち、現在の形になる過程では、他からの影響、特に上方文化がかなり強い影響を及ぼしたのではないだろうか。

本稿ではその点について、できうる限り解明してみたい。

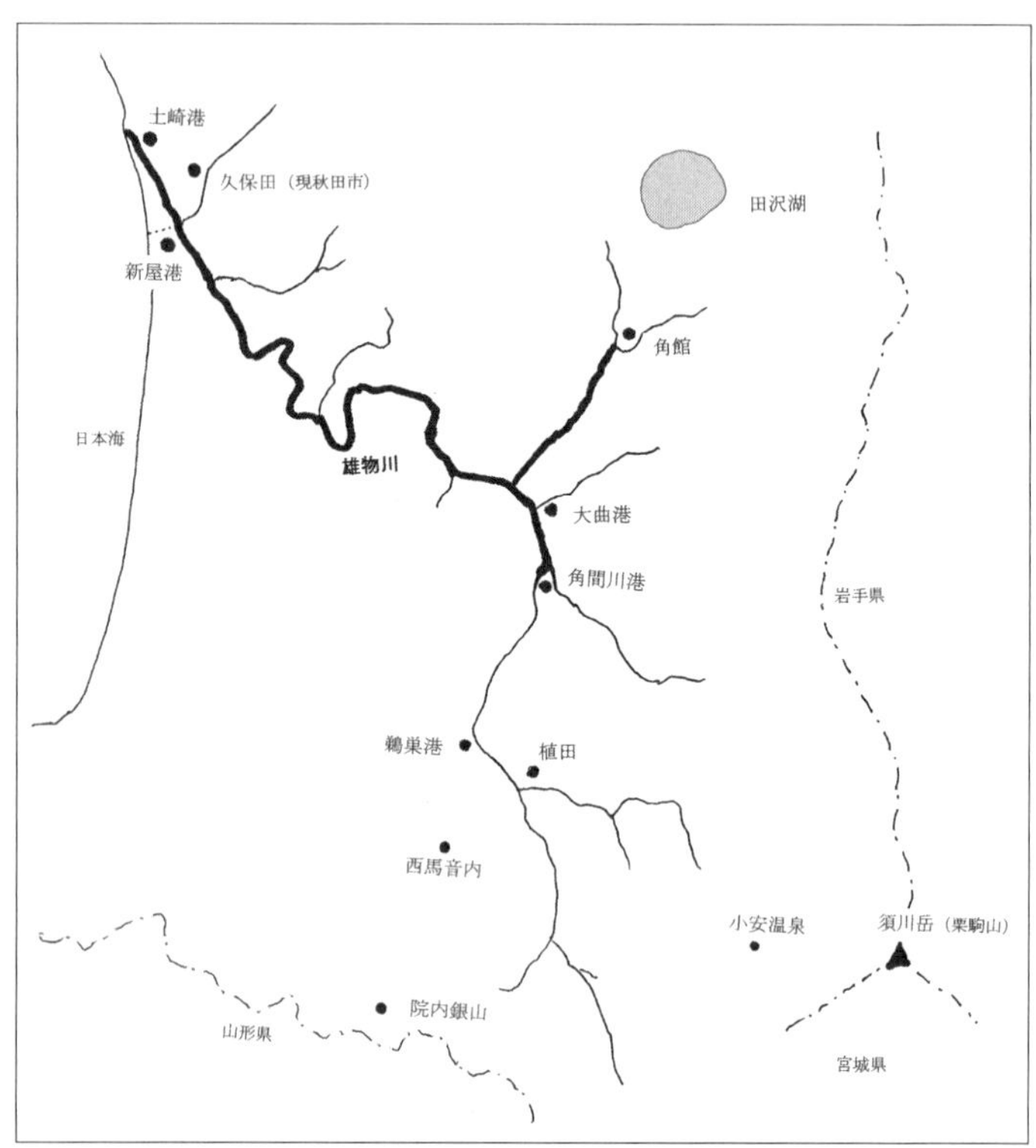

「秋田音頭考・西馬音内盆踊考」関係略図

一　「秋田音頭」とその系統の主な県内分布

最初に、この芸能が県内でどのように分布しているかを見ていきたい。

①秋田市

秋田音頭が県内で最も盛んに歌い踊られてきたのは、いうまでもなく秋田市である。現在の踊りの型は、明治年代に、亀ちゃ（仁井田亀松）・福ちゃ（仁井田福松）兄弟が改良したものといわれ、きびきびした男踊りが元になっている。が、ほかに太平・山谷・土崎の各地でもそれぞれ振りの異なる秋田音頭が伝承されている。さらに、花柳界の芸妓たちの踊りもまた違ったものである。振りの多様さは、長い歴史の中でいかに広範な人たちが関わって来たかを示すものであろう。

この中で地域的に最も盛んな一つは、土崎ではないかと思われる。毎年七月下旬に行なわれる土崎港曳山祭りでは、各町内から出る二十数台の曳山にそれぞれ何十人もの踊り手がつき、要所要所でいろいろな芸が披露されるが、代表的なのが秋田音頭で、「三段返

土崎湊曳山祭りでの秋田音頭（左・番傘と出刃、右・花笠）

し」という「手踊り・花笠音頭・組音頭（番傘・出刃）」の構成したものが踊られる。

さらに昭和三十六年の秋田国体の際、マスゲーム用に秋田音頭・ドンパン節・おばこ節・生保内節・秋田甚句等が、県当局の依頼で秋田大学の体育教官・茂泉陽子らによって振り付けられた。秋田音頭は、従来の男踊りをもとに「現世代の人々に親しまれ、その結果、踊りとして長い生命を保ち得るものを作ろう」と新たな手が加えられ、踊りが易しくなったもので、以後、町内会の盆踊りや小学校の運動会等で広く踊られているようだ。(2)

②西馬音内・増田等、県南部の盆踊り

秋田音頭の系統の踊りが、横手盆地の南部では盆踊りとして行なわれている。横手盆踊り・平鹿の盆踊り・増田盆踊り・湯沢の岩崎盆踊り・西馬音内（にしもない）盆踊り等々。路上にかがり火を焚き、そのまわりを円をなして行進しながら踊っていく。こ

の中で最も有名なのが羽後町の「西馬音内盆踊り」で、これは日本の盆踊りの中で最も美しい踊りだといわれている。ここには「音頭」と「甚句（別名、がんけ）」の二つの曲目があり、秋田音頭は「音頭」という曲目。

「〽ヤートセー　ヨイワナー　ア、セッチャ　タカサッサ、コラ時世はどうでも世間はなんでも……」と、歌い出しに「ヤートセー」が入るが、続く囃し言葉はやや異なる。

振りは秋田市の秋田音頭よりはるかに柔らかで繊細になっており、特に練達の女性の踊りはこの上なく優美である。また、踊り手は皆、編み笠、あるいは彦三頭巾と呼ばれる黒い頭巾をすっぽりかぶり、顔を隠して踊るのが特徴となっている。

③仙北音頭

仙北平野北部の秋田音頭系の芸能である。現在は秋田音頭で通しているが、かつては「仙北音頭」と名乗っていた。昭和六十三年の秋田県民謡緊急調査報告書では、

「〽ヤートーセー　コラ仙北音頭です　アーセッヤ　ドンドン

トコドッコイナー　コラいずれこれより……」と、最初に「仙北音頭です」と入れ、かつ、囃し言葉も少々違っていた。また、『日本民謡大観　東北篇』（日本放送出版協会、昭和二十七年刊）に掲載の仙北音頭は、昭和十年九月に放送された仙北歌踊団の演唱の記録で

あるが、

「〽ヤア、サッサいとも待ち兼ねた　ハ、コリャコリャ、踊るも跳ねるも若いうちだよ、おらよに年ゆけば、踊りだけだば、しっかり踊っても、さっぱり褒めてけね、ヤアサッサ、アーヤサッサ」と少々囃し言葉が現在とは違っている。

だが、殆ど両者とも秋田音頭と違いはない。

仙北音頭は祭りの舞台で上演されてきたので、踊りは数人の女性が横一列になって観客に対す。振りも柔らかである。

④県北の「通り音頭」

県北では能代市や山本郡を中心に「通り音頭」が広がる。祭礼の日の、華やかに着飾った少女たちの行進踊りで、「〽ヤートーセ　コラ小隊前進め　ソーレ、トドッコイナ」で始まるところもある。

昭和十二年、秋田民謡研究の草分け、小玉暁村(ぎょうそん)は「秋田音頭系の諸相」でこう記述している。

「踊り子は揃いの浴衣に蹴出しをしめ、赤い手甲赤い脚絆をまとい、いずれも編笠を冠る。年は十八九前後の娘らで、二十人程を一列とし、踊りながら市中を前進し、または有資家の門前などで踊る。囃子方は笛太鼓三味などで屋台の中にあって奏するが、屋台をかついで進める時は囃子方も歩きながら囃子を奏してゆく。

この囃子は非常に賑々しく、太鼓打ちは地口の間はダンダカダン、ダンダカダンと太鼓の下に取りつけてある板を叩いてはやし、地口終わればドドンドドンと桴を入れる。踊りは三手あるというが頗るいそがわしい振りで、三十分間も踊らば疲れそうに見える。しかしそれだけ人心を浮き立たす効果は百パーセントというところ。」(3)

現在は、踊り手の年齢層はだいぶ下がっているようだ。

以上が、「秋田音頭」の県内のだいたいの分布と特徴である。地口は殆ど変わらないが、囃子や囃し言葉が地域によって少しずつ変化しているのがわかる。

二　秋田音頭の成立

「秋田音頭」は、かなり古くから秋田の人々に親しまれてきた。おそらく秋田民謡の中で最も歴史があるのではないかと思う。そして、この歌と踊りが、いつ、どのようにしてできたかについての説も非常に多い。それらの説を一定整理しながら、この問題を検討してみたい。

◆江戸時代初期成立説

まず、秋田音頭が江戸時代の初期に成立したという説である。

『秋田大百科事典』（秋田魁新報社編集発行、昭和五十六年）の「秋田音頭」の項には、こう書かれている。「遊び唄。秋田県内一円で歌い踊られる。こっけいな文句を連ねた地口本位の曲で、地口音頭、仙北音頭、トル音頭ともいわれた。二代藩主佐竹義隆（一六〇九～七二）に上覧の際、家臣が柔術の手を加味したのに始まり、御国音頭と呼ばれた。（以下略）」

この佐竹義隆の時代に秋田音頭が始まったという説はかなり広まっており、岩波文庫版『日本民謡集』の「秋田音頭」解説でも、「起原は佐竹義隆公の寛文三年、手踊り上覧の思し召しがあった際、才人某が柔道の型を巧みに舞踊化して、藩士の子女に教習させたものという」と記述されている。

この説を最も早く主張した人物の一人が、教師兼ジャーナリストの青柳有美（ゆうび）（一八七三〜一九四五）である。昭和五年発行の加藤俊三編『秋田県案内』（はかりや印刷出版部）で紹介されているのは、次のようなものである。

> 秋田音頭として今日の形式を大成するに至れるは、徳川第四代将軍家綱公の寛文三年（一六六三）をもって也。時の秋田藩主佐竹義隆公、民俗改良の御思し召しにより、同年七月、城下に流行する手踊りの台覧を仰せ出さる。よって内命を奉じ、同月十七日より秋田市寺町鱗勝院（りんしょういん）において六日間にわたり、これが振付け、及び稽古を行ないしが時に、たまたま才人、某甲なる者あり、柔道に行なわるる四肢の運動を巧みに舞踊化し、これを藩士の子女に振り付けて教習せしめ、同月二十三日、秋田城内にて藩公の台覧を仰げり。爾来（じらい）、秋田音頭は健勁（けんけい）にして淫猥の風を帯びず、質実にして、敦朴（とんぼく）の趣を存す

るものとなり、伝えられて今日あるを致すに至れり。（以下略）

秋田藩主・佐竹義隆公が、秋田の民俗を改良したいと思い、ついては城下で流行している手踊りを見たいと仰せられたので、寛文三年の七月十七日から六日間、寺町にあった鱗勝院（曹洞宗の寺院である）で踊りの稽古をしたのだが、その際、できた踊りが秋田音頭だというのである。これが事実であるなら問題はないのだが、青柳有美は出典を明記していない。果たしてそのようなことが実際にあったのだろうか。

秋田大学の茂泉陽子・工藤英三「民踊『秋田音頭』の変遷について」では、この説の根拠は、「上肴町日記」であろうと指摘している。(4) 同書は上肴町の代々の町代が書き継いでいた日記である。その寛文三年の七月十七日に、「盆踊献上の事」がある。

一、同卯七月十七日、従御公儀踊被仰付、即鱗勝院にて打習致候、廿三日に御城江踊指上け、壱番に大町、弐番に茶町、三番に上け、同廿八日之昼山城様にて踊、三町目川端清水八兵衛殿・上曽小右衛門殿御子息御出に付踊候、廿九日より御法度被仰付候

笛　　小嶋屋九兵衛

同　　播磨五郎兵衛
鼓　　越前屋多次兵衛
役者　播磨善太郎
踊子　脇本勘兵衛
同　　　三太郎
同　　加々　藤三郎
同　　川村藤五郎
同　　中村勘太郎
同　　小谷部与平次
同　　上村　竹松
同　　みなとや藤九郎

踊子、役者共拾弐人

右之入目代物六貫七百三拾六文
内銀にて四拾目八分惣扱之掛り物、右皆々御町箱より払(5)

つまり、役所から踊りを献上するようにとの仰せがあり、七月十七日から（六日間）鱗勝院で稽古をし、三つの踊りを大町・茶町・上肴町等で仕上げ、二十三日にお城で上演した。二十八日には家臣の山城様宅で踊り、二十九日から踊りは禁止になった。踊り子と役者の人数は十二人で、かかった費用はいくらで、どこから払ったかという記述である。踊りが許されたのは十二日間のことだった。

これは、このとき秋田音頭が誕生したという根拠にはなり得ないであろう。青柳有美は相当な潤色を行なっている。

ちなみに秋田では藩政当初から、「御前踊り」と称して町人が踊りを殿様に見せることはしばしばやられていた。参勤交代から殿様が帰って来たといってはお祝いにお城へ登って踊り、お盆だと言っては、数日間、稽古をしてお城へ登り見てもらう。ちなみに翌年の寛文四年の七月にも三年と同様の次第で踊りを献上している。だが、だからと言って、当時、すでに秋田音頭があったということにはならない。

＊

藩政初期に誕生したという説は、小玉暁村なども唱えている（「秋田音頭の諸相」、『草園』昭和十二年九月号）。

いわく、〝寛延四年（引用者注・一七五一年）に那珂通実が記した『秋田昔物語』によれば、

「御国にて近年まで盆中には内町外町とも踊ったが（略）、天英公（義宣）様の時代、踊り上覧の節、上通町の踊りの小唄に「〽ここは殿御の墓所」という言葉があったため、過料に処せられた」ことがあげられている。これによって見れば、義宣公時代、既にこの踊りはあったらしい。昔はお国音頭といったというが、この文の冒頭に「御国にて云々」とあるのは御国音頭の名を暗示するものとも見えるし、殊に上通町の唄った「ここは殿御の墓所」の章句は字数の上から察しても秋田音頭の地口に相違ないようである。私はこの文献を盾にとって、秋田音頭は慶長のころ、既に武士によって踊られた古い伝統舞踊であると考えている。〟

「ここは殿御の墓所」というのは「秋田音頭」の一節に相違あるまい、と殆ど断定しているのだが、果たしてこれはどうか。

この問題に関し、わらび座民族芸術研究所の所員だった青柳信夫氏は、次のような見解を示している（「民謡研究　秋田音頭」、『月刊わらび　一四六号』掲載（一九七二年、七月刊））。

「殿御という言葉は女性が男性を敬っていう言葉で、いわゆる「殿様」だけをさす言葉ではありません。民謡では愛人・恋人という意味で使うことが多いようです。たとえば、『延享五年（一七四八）小歌しゃうが集』には

〽下手な殿御が忍びに雪駄、草履がよいもの　奈良草履が

という歌詞がのっています。

「ここは殿御の墓所」というのは別に殿様のことを歌ったのではなく、盆踊りの供養の歌詞だとは考えられないでしょうか」

そう解釈すれば、これは特に藩主を諷刺・批判した歌ではなくなり、秋田音頭である必然性はなくなる。適切な解釈と思われる。

巷間（こうかん）では、秋田音頭は藩政の始め頃にできたらしい踊りだと語り伝えられていた。

秋田市川端四丁目、旭家の女将おひささんの談（昭和五年、加藤俊三編『秋田県案内』）。

「はっきりしたことはわからねども、なんでも戦争の後とかなんとかで、めでたいことがあった時、殿様の前で急に余興のようなことをしなければならぬ事情になったため、若武士たちがヅロリと揃って柔術の形をしてご覧に入れたら非常におほめにあずかって、それからダンダン始まったように聞いているであんす」

この話を紹介した加藤俊三は、戦捷（せんしょう）祝賀会なので、これは佐竹遷封間もない徳川初期であろうとしているが、芸能の誕生由来として、このように時代をかなりさかのぼって物語が作られるのは、よくあることである。

以上、江戸時代初期に秋田音頭が成立したという説は、いずれも根拠のないものばかりで願望から出たものといえる。筆者は江戸中期以降であろうと目しているが、それについては後述する。

◆内町（士族町）発生説

秋田音頭が内町(うちまち)から生じたという説の代表的なものは、明治四十一年、当時、秋田魁新報の主筆であった安藤和風(わふう)の『秋田県案内記』（彩雲堂）の「秋田音頭」の記述であろう。


　名物の秋田音頭は元と士族町に濫觴(らんしょう)し、柔術の手より出でしものなりという。故に昔の音頭は武骨なりしも、今は全くの踊りと変じたり。

　旧藩時代に吉成某、恨みを報ぜんために同僚を殺害し、切腹を命ぜられしも、進退動作ことごとく武士道に適(かな)い、世の賞賛するところとなりぬ。当時、現場にありし加藤某、度を失いて民家に隠れ、事終りて後、釣瓶竹(つるべだけ)を携え、これを救わんとして笑柄(しょうへい)となりぬ。左の秋田音頭はこのことを詞曲にのぼせしなり。

　　ドドンの吉成　武士(さむらい)の子、カカツクカンカン、加藤の釣瓶竹秋田音頭は約九手一組となせど、宴会等にては五手、または三手に略せり。三味線、太鼓、笛、小鼓、摺り金をもってこれを囃し、また、花音頭、笠音頭、組音頭等の類あり。

安藤和風は該博な知識と鋭い洞察力で、一流の新聞人として知られていた。秋田音頭はもともと士族町に始まったもので、柔術の手から生まれたものだという。だから昔の音頭の振りは武骨だったが、芸妓が踊るようになってからはそれが失せ、全く普通の踊りになってしまったのだとする。

ちなみに引用されている事件は、天保元（一八三〇）年五月二十九日のこと。吉成兵太夫という侍が、武芸のことで根本清兵衛という侍から嘲りを受け、逆上して清兵衛に向かって刀を抜いた。清兵衛は逃げて、加藤という家の釣瓶竹にすがったところを、竹諸共に兵太夫に切り殺されたのだという。[6] それが地口になり、ひろく歌われたのである。

また、「魁新報」大正二年八月二十四日号の「うめ草」には、古老からの聞き取りとして秋田音頭の旧藩中の様子が記されているが、これは当時主筆であった和風の筆によるものだろう。いわく、「秋田音頭は旧藩時代、士族の処女（むすめ）が顔を隠して躍（おど）りに出で、その躍り振りを見て父兄が子弟の嫁に選んだとも云っている▲それはズッと昔の頃であろうが、戊辰前の頃は年頃の処女が茶筌髪を結い天鵞絨の衣を着て、この衣を緋縮緬の帯に挟めば下から廻しが見ゆるのである▲このほか手甲脚絆をうがち、また襟に手拭いを緩く結んだものである▲而して囃子はやはり士族の男子で太鼓と鉦に限り、三味線はなかったものである▲躍り組のうちにも中嶋躍りは評判がよかった。また纏頭は菓子に限り、銭を与えぬものであった」。筆者は最後に「秋田音頭も昔の装束に改めたいものである」と結んでいる。

　秋田音頭が内町で生まれたということに関して、加藤俊三も「語り継ぎは、殆ど全部、内町濫觴説である」と述べ賛同している（前掲『秋田県案内』）。その根拠として①かつては踊りが安藤和風氏の所説の通り、武骨極まるもので、その切り目切り目の際立って堅かったこと　②秋田音頭の踊り方は「逆手」、すなわち足の運びと差し手・引く手が一致しており、普通の踊りのように左右相異なることがないのは、雅楽の舞に似ている　③それらの手振りは座敷芸に転化しても、なお、ほのかに見られる。故に、町家の遊芸から出たものとは思われない。さらに④地口（唄）の作者として名声を博したのは、通称「田上のおんツァン」や関嘉吉氏など、皆、士族である（もちろん、外町にも巧者な連中はいたが）。

　そして、「秋田音頭が内町の男女によって盆踊りとして踊られていた頃は、いわゆる旦那様たちも羽織を脱ぎ、はっぴを着、手拭をかむって出たものだ。盆の十三日から二十日までは内町で踊り、二十日後は送り盆といって外町に出て踊ったものだ」という青柳有美の言葉や、「内町から五本くらい万燈をつけて、五人十人と子どもがひとかたまりになって踊って来たものでしたが、囃子はなんだか淋しいものでした。太鼓だけでドドンのドンの、ドーンとセィ……といったような調子で淋しいものでした」という旭家のおひさの話を紹介している。

＊

これらからすると、藩政時代に内町（士族町）で盛んに秋田音頭がうたい踊られていたのは、確かであろう。

◆外町発生説

これら内町発生説に対し、当然、異論もあった。加藤俊三がまず紹介しているのは東山多三郎の言葉である（東山多三郎は、明治四年生まれの郷土史家。古記録を筆写し調査メモをまとめた著述は「佐竹義重公逸話」など百六十種に及ぶ）。

「かような踊りが武士の間に起こったということは考えられない。やはり町家から起こったものであろう」

外町(とまち)発生説を最も強く主張したのは、同じく郷土史研究で知られた栗田茂治であった(茂治は明治十六年生まれ。曽祖父は日本海の砂浜に三百万本の松を植えた秋田藩士・栗田定之丞である)。彼は「秋田魁新報」昭和六年四月六日・七日付けの二回にわたり、「秋田通俗芸術あまのじゃく」で秋田音頭について論じている。以下のような概要である。

秋田音頭は内町に始まり、柔道の手から出たものだという説が通説となっているようだが、それは甚だ疑わしい。

徳川時代のものには勿体づけが沢山ある。貧民の祖先が公家であったり穢多の祖先が大名であったりするが、行政官のお咎めを食いそうになると因縁を説明するのである。私の想像するところ、寛政から文化文政、天保の頃には幕府改革のため奢りの沙汰と思われるもの、遊興の部類に属することを取り締まった際、起源が士族町のほうで柔道の手から出たといっておけば、武家は武道のものは廃さないから自然と束縛の手をゆるめる。そういったことではなかったか。

昔の秋田音頭は、今日の秋田芸者の軟弱な踊りとは異なる非常に角張ったものであったというのが、柔道起源論を生んだと思われるが、私の考えでは柔道ではなく、それは芝居の六法の手の変化ではないかと思う。秋田音頭の型の硬いことを認める人は、六法の型も非常に堅いことを認めるに違いない。

それにあの踊り衣裳である。あれは何と考えても俳優、特に六法を踏む時の衣裳である。

安藤和風先生の文章に「士族の女子にして、びろうどの衣を帯に挟めば廻しが見え、帯は朱縮緬などなり。手甲脚絆をはき、襟に手拭いを緩く結び、茶筌髪を結ぶ」とあるが、演劇のほうでびろうど系のものを用いるのは百日蔓を用いるのに多く、その時は必ず廻しをつける。

そして、かの暗闘（だんまり）で百日蔓（かつら）をつけて出てくる者は、大日太郎であろうと将軍太郎であろうと石川五右衛門であろうと、悉く（ことごと）同一の型である。その手の動かし方は右手と右足を一斉に動かす形式である。これを右手右足を一緒に動かすことが同じだからと言って平安時代の雅楽にまでさかのぼらすのは難しい。

着物の下に手甲脚絆をつけるのは、役者の舞台姿に似たものではないか。襟に手拭いを緩く結ぶなどは、町風を想わせる。

一般に踊り衣裳を新調するということは、このびろうど系の廻し（脚を開くと着物の裏にあたるところに相撲の廻しのような刺繍のあるもの）を造ることである。この俳優じみた着物を武張った士族がやらせ出したかは疑わしい。これは町方に端を発して、士族まで巻き込まれたものではなかろうかと考える。

私の母は安政頃の生まれで明治の初めに十四、五歳で踊ったそうだが、「ドドーンのドーンのドーンセイ」といった調子で、決して現在見るような秋田音頭の手ではなかったと言う。なるほど「カカチリ加藤のつるべ竹　ドドンの吉成ぁ侍の子」は、あの六法風の踊りにはあてはまらない。やはり、秋田音頭の現在の踊りの起源は外町であろう。

（7）

秋田音頭の「逆手」の振りや衣装は歌舞伎の六法から来ていることを述べ、説得力がある。

秋田藩では、慶長十一（一六〇六）年に発見され、たちまち諸国から人が群集し、大繁栄した院内銀山に初期の頃、歌舞伎の一行がしばしば訪れていたし、農村部でも明和九（一七七二）年に、「従前より操り人形芝居や歌舞伎など舞台踊りはすべて止めるよう申し渡しているのに、他国の者を交えてまだやっているとは不届きだ、他国の役者や浄瑠璃語りは追放するように」とのお触れが出ている。安永三（一七七四）年にも再び同内容のお触れが出ているところをみると、全く守られず、各地で盛んに歌舞伎等が上演されていたのだろう（『秋田藩町触集（上）』未来社、一九七一年）。

しかし、歌舞伎の影響が濃いのは確かだが、そこからこの踊りが発生したと言えるのだろうか。

また、内町発生説・外町発生説のどちらにも与（くみ）していないが、秋田民謡に造詣の深かった山崎ふっさ（明治四十年生まれ）は、

「（秋田音頭の踊りは）「六法」の型を取り入れたとされてもいるが、差し手引く手が一と手ごとに決まる、といってよいこの踊りからすれば、私はむしろ（柔術説より）六法説を取りたいほどだ。

歌舞伎の六法で有名なのは、「伽羅先代萩（めいぼくせんだいはぎ）」での仁木弾正が花道で踏む六法や、「助六」の花道、「勧進帳」における弁慶の飛六法などだが、芝居をみられた方は、秋田音頭の踊りの中にそれらの型を見い出されたことと思う」

と述べている。(8)

◆柔術と秋田音頭

ここで、秋田音頭の踊りと柔術の型との関係について、検討してみたい。

雄物川の川港として繁栄した角間川町（現大仙市）で芸能の第一人者として活躍した藤田庄八（明治四年生まれ）は、十四歳で床屋見習いのため秋田市に出た。芸好きな庄八は夜になるとこっそり家を抜け出しては、時三郎という役者と、登町の中島軍太の母親から唄と踊りを習い、一年もたたぬうちに秋田音頭をはじめ、数々の手踊りを習得した。

後に彼が語ったところによると、「習った秋田音頭は古式で、日下流柔術の手から出た踊りで、現在のものとは違っていた。囃子やかけ声も、本流のものは「キッタアドン・ドッコイナ、ドン、ドン、ドッコイナァ」である。現在のは、後に東京の尾上高之丞がつくり変えた「キッタカサエ・サエ・ドン―ドッコイナァ」と間が一つ多くなった」という。[9]

柔術の手が入っていることをかなり意識して指導されたことがうかがわれる。

また、小玉暁村は、柔道と合気道の武道家・富木謙治を訪ねて、秋田音頭の踊りは何派の柔術から出たものか、彼の意見を聞いている（富木謙治は明治三十三年、角館町生まれ。

昭和七、八年頃は角館中学校に勤務し、柔道の師範をしていた。後述する富木友治の長兄)。

暁村は富木謙治から「諸流の型を見せてもらい、指先に呼吸を入れる点、打ち込んで来た力を流す点、腰をすえて手にきまりのあるところ、押さえた手よりも反対の手に意を用いることなどの数点から見て、新羅三郎から武田家に伝わったという大東派なるものに最も近いというお話なども承った」。(10)

秋田音頭と柔術の関係では、踊りがそこから起こったかどうかはわからないが、ある時期、柔術の心得のある人々がこの踊りに携わって、柔術の要素が織り込まれたのは確かと思われる。

なお、暁村は、秋田音頭の踊りの手は、柔術の手か六法の手か、起源を明らかにしたいと数年来、苦心奔走し、何人もの踊りの師から意見を聞いたり、山本郡の秋田音頭を実地に研究したりしてきたが、その結果、「漸く掘り出し得たものは、ごほの手とろっぽの手という型である。ごほの手とは柔術の法に則った御法の手であり、ろっぽの手とは歌舞伎の六法の手の応用された踊りであるとの結論に至った。和風先生の柔術起原説と、東山・栗田両先生の六法説は二つながら生きるわけである」ということを昭和九年二月、「秋田魁新報」に発表している(「燦たる珍風景 ―秋田音頭の異彩、その由来の考察」、昭和九年二月二・三日付け)。

◆「藤八拳」発生説

民俗学者・富木友治(ともじ)(大正五年生まれ)は、『秋田県史　民俗工芸編』(昭和三十七年)の「民謡」の中で、「秋田音頭試論」と題し、柔術でも歌舞伎の六法でもない新たな説を提示している。その概要は、①まず藩主または藩の重臣が庶民に踊りや唄を奨励することがあるのか、あるとすれば如何なる時か、②逆に庶民が芸能をやるのに藩の許可、あるいは黙認を得なければならなかったことはあるのか、あったとしたらどんな理由で如何なる時にそれがなされたのか、③秋田音頭は寛文三年の佐竹義隆公のとき、町民が華美の風に流れたので、婦女子に柔の手を教え、それが踊りとなって上覧に供したというが、佐竹藩の文書にそのようなことが記されているのか、以上を藩政史の研究者には教えていただきたい、という前置きで始まる。

秋田音頭の歌詞は、歌うものではなく語るもの、もしくは絶叫に近い、いわゆる地口である。これは唄以前のもので、踊りのかなり完成されたのに対し、異様な印象をあたえる。

日本の舞踊から「武道の手」、「柔の手」を見出すのは、何も秋田音頭に限らないが、秋田音頭が特にそう感じられるのは事実で、これは極端に手の関節・脚の関節を利用した踊りだからであろう。これと似たものに角館のオヤマバヤシについて踊られる「ケン囃子」がある。ケンバヤシは「剣囃子」などではなく、あきらかに「拳囃子」である。それは、こぶしを振り開く動作がくり返されるのでもうなずける。その意味で、「秋田音頭」の踊りは「拳の踊」ではないかというのが、ずっと以前からのわたしの疑問であった。

そうして、「ヤアトセ、キッタカサッサー、ドン（太鼓）ドッコイナ」の囃し言葉をきくとき、「藤八拳（とうはちけん）」におけるかけ声と、あの手の屈伸、こぶしの開閉をなす、きびきびした動作を連想せずにはおられなかった。あの藤八拳における動作が、昂奮とともに立って踊りに化し、それに地口という特異な詞章があとについていったのではないかと思ったのである。

秋田音頭は、農村よりは町場で発達したことは明らかで、しかも花柳界がその分布の中心をなし、秋田民謡がほとんど花柳界で歌われも踊られもしなかったとき、いちはやくこれだけが採用されていたのは、その間の消息を物語っているのではないかと思う。藤八拳が容易に踊りや唄を生む要素をもっていることは、仙北の西明寺に「ケン節」というのがあるのをみてもわかる。

卓見だと思う。「藤八拳」というのは「狐拳」と同じもので、花街でのお座敷遊びの一つ。二人が相対して、狐・庄屋・猟師の三つの手ぶり（狐は庄屋を化かすので庄屋に勝ち、猟師は鉄砲で狐に勝ち、庄屋は立場が強いので猟師に勝つ）のどれかを瞬時に出して勝ち負けを競う。そのリズムと囃し言葉が、秋田音頭のリズムとかけ声を連想させるというのである。

そして、秋田音頭の手の屈伸・拳の開閉は、狐拳の動作を思わせる。さらに、狐拳で場を盛り上げるために演奏される音楽（それが拳囃子である）から発した拳囃子の踊りと秋田音頭の踊りは、拳を振り、開く動作が繰り返されているところがとてもよく似ている、と述べている。(11)

富木友治は、藤八拳の遊びは藩政時代から流行っており、侍たちも好んでこの遊びをやっていたので、説明がつくと述べている。

この見解に、民謡研究者の竹内勉も次のように賛同している。

節がなくて、地口で、即興でなんの文句でもかまわない。しかも柔術のような振り、それを花柳界でも行なうということを考えると、佐竹の殿様にまつわる創始話とは逆に、本来が座敷遊びから出たもので、拳遊びをする折の下座囃しに用いたものではないかという考えも成り立つ。これなら庄屋、鉄砲、狐の拳の形をする折、柔術ともみえる振りが入る。しかも勝負がつくまでの気合をこめての拍手を刻むだけなら、唄より地口の方が便利で、そうしたものに香川県下の「金比羅船々」があるので、唄の性格は共通している。(12)

秋田音頭の発生について、大変、可能性のある説だと思う。ただ、確たる証拠があるわけでなく、筆者にはこれ以上の詮索は困難である。

◆「伊勢音頭」と「俄」の影響

発生についてはよくわからないが、「秋田音頭」が今の形になるまでに、大きく影響を受けた二つの要素があると筆者は考えている。

一つは歌の成り立ちにおける「伊勢音頭」の影響である。これは井上隆明氏も『雪国民俗　第十八集　秋田民謡集成　第二号』（昭和六十二年）で、「伊勢音頭」の歌詞を掲げた後に「注」として「秋田音頭の原形か」と一言だけ記し、それで終わっているが、このことをより深めてみたい。

もう一つは、秋田音頭の歌詞は「いずれこれより御免こうむり音頭の無駄を言う　当たり障りもあろうけれどもさっさと出しかける」で始まり、世の中や身のまわりのおかしなことを風刺し笑い飛ばすのを特徴としているが、これは上方の芸能である「俄（にわか）」の精神そのものではないか。秋田音頭は秋田で自然発生的にあのような特徴をもった芸能になったのではなく、その成立には「俄」が大きく作用しているのではないか。

以下、秋田音頭の歴史を通して、この二つのことを探り、考えていきたいと思う。

三　熊谷新右衛門「秋田日記」

◆小安温泉の宿で

秋田音頭のことが初めて記されたのは、菅江真澄の「雪の出羽路　平鹿郡」の「田村」のくだりであろう。同書は文政七（一八二四）年から九年にかけて真澄が平鹿地方を巡村してまとめた地誌だが、(13)　田村（現横手市大雄字田根森）は「此の村、薪乏しければ、根子というもの掘りて朝夕これを焚く。ここにいう田村根子これなり」と記され、根子（ねっこ）、すなわち泥炭の産地であった。秋田音頭の歌詞は本文ではなく、根子篦（へら）等の道具を図入りで説明した頁に書かれている。

○秋田ノ音頭囃シの詞「其方（ウンガ）父（テデ）ァ田村の根子掘りだ、うそだらつら見れ、真黒だ。」

熊谷新右衛門「秋田日記」の「秋田踊 音頭」
（秋田県文化財保護協会「出羽路79号」より）

根子のとれる原野は約六〇〇ヘクタールに及ぶ広大なもの。自家で消費するだけでなく、掘り出して近隣の地域にも売りに行っていた。そこで揶揄されてできた詞ではないかと思われる。

次に古いのは、前述の、天保元年の事件からできた「ドドンの吉成　武士の子　カカツクカンカン加藤のつるべ竹」である。

以上は、歌詞のみの記録だが、まとまった記述として登場するのは、天保八（一八三七）年の熊谷新右衛門「秋田日記」である。

熊谷新右衛門は仙台藩の気仙沼の町で、御郡棟梁という村役人をしていた大工。[14] 当時は長雨・冷夏等による大凶作が何年も続き、特に太平洋側の被害が大きかった。仙台藩では天保四年は七五万九三〇〇石の減収で収穫皆無に近く、同五年は小康状態であったが、同六年は七三万三五二二石の損亡、同七年は九一万五〇〇〇石の減収で収穫皆無となり、「年の暮れ近くになると病死・餓死者が続出し、翌年の収穫期まで未曽有の大飢饉が続いたのである」。(15) 気仙沼もヤマセ（北東風）が吹きつけ被害が甚だしく、御救助米を出羽の矢島藩から買い付けることとなり、その任に選ばれたのが、旅の経験があり渉外力に秀でていた町人の新右衛門だった。彼は寛政四年生まれで、時に四十六歳。

「秋田日記」は、三五〇石の米を矢島藩から買い付ける交渉、それを秋田領内輸送という難事に携わった三ヵ月にわたる秋田の旅の最中のできごとや風物を、小さな手帖に矢立の筆でこまめに記した彼の私的な記録である。その中に秋田音頭のことが出てくるのである。

＊

天保八年三月二十四日（新暦にすれば現在の四月下旬）、新右衛門は同行の者四人と共に気仙沼を発ち、東山・千厩・岩ケ崎を経て二十六日、須川岳（栗駒山）の登山道に入る。一日目は、五尺三尺の残雪の中、雪道を三里歩いて馬草の小屋泊り。同宿は二十三人で乗合い船のようだった。中には下山前に死んでしまいそうな非常に弱った者がいた。仙台藩の家臣のような奥様・下女・下男から旦那になったような者・下男の四人連れもいた。大物ぶってはいるがお金はあまりないようだった。翌日は須川岳八合目の大明神を経て三里半歩き、中治の小屋に着く。この間は大難所である。

この小屋のわきに女一人と、十七ばかりの男一人が死んでいた。まことに呆れてしまう。そこから少し山に登ったところには大男が大杖を握り、あおむけに倒れて死んでいた。馬草の小屋では、こごみという草をおひたしで食わせてもらった。うまかった。

二十八日に秋田領に入り、稲庭の町に着き二、三日いて仕事をし、その後、小安（おやす）温泉の宿に腰を落ち着けて手配をする。その四月二日のこと。

二日の昼より酒盛りこれあり候。秋田の名物おんど、三味線、太鼓、笛なり、鉦にて囃すなり。女子四人ばかり、男拾人ほど、入れ替わり立ち替わり、一日の騒ぎ。（傍線引用者）

酒ざいは皆、干物にて、生物は玉子のみ。八百屋は随分うまし。

歌は伊勢音頭、かまやせぬ、二上り新内、ほか、狂言「一の谷」「源太」「夕霧」、後はとりまぜ。いろいろ思い入れの出でつかまつり候踊りなり。

大凶作の最中、仙台領は酒造りは禁止なのに、秋田領では一日中、酒を飲みながら歌い踊り大騒ぎをしている。

同七日のところには、秋田音頭の歌詞と、踊り子の絵が記されている。

ヲントウ

〽坊さま山道　破れた衣　ヤットセイ　〽ヤットナア　〽どどんか　どんどんトセイ

〽○カカスカ、スカカ、カカスカカ　〽ちょいと菜の葉の朝茶漬け　枕コに莫蓙コに二枚屏風コ　仝　〽戸棚の隅コの　笊コの蒜(ひる)コを　味噌コで和(あ)いたとさ　かさ（蓋）コですくって　座頭(ざと)コに食(か)せて　うまいと喜んだ　仝

〽いじめ（嬰詰）子の泣くのをだますには　ねんねんころりん　手打ち手打ち　あわあわ　め（見え）ないめ（見え）ない　のばあ　〽よい　よやな　よやなのなあへ

〽ヤットセイへ　ヨヤナアへ　〽揃(そろ)た揃た　踊り子ぁ揃た

秋田踊、音頭

大坂天満(てんま)の真中で　からかさ枕でやら叩く　ドドンカドンカ　ヤッサイ　ヨイト　ハリ

ヤナ　ハリヤナノ、ナァヨイヨイヨイハ　ドコイハリハイナァ

◆詞の考察

これが天保八年当時、歌われていた秋田音頭の詞である。

詞の意味は、最初の「坊さま」は、寺の和尚ではなく、後ろに「座頭コ」と出て来るので、男性の盲目の旅芸人のことであろう。「破れ衣を身につけたぼさまが山道を歩いていく」というところから始まり、「ちょいと菜の葉の朝茶漬け」の「菜の葉」は「娼妓」のこと。それも破れ衣を着た殆ど乞食のようなぼさまを相手にするので、下級な娼婦であろう。彼女が朝の茶漬けとして「戸棚の隅コの　笊コの蒜コを　味噌コで和いて　かさコですくって　座頭コに食せ」たら、「うまい」と喜ばれたということを、「コ」の字を重ね、ゴロのよさで笑わせている。

次の詞は読んで字のごとく、エヅメ（嬰児を入れて置く桶、または藁製の籠）で泣く子をあやすには、手打ちをして、いないいないばあ、をするという、それだけの歌。三つめは「大坂の天満の真中で　からかさ枕でやら叩く」と、これだけでは意味不明のナンセンスな詞である。

さらに細かくいえば、最初の「坊さま山道　破れた衣」というのは、当時の流行りうたの歌い出しの一節である。柳田国男は、「ぼさん山路破れたころも　行きし戻りがきにかかる」の歌をあげ、これは「江戸でも古くから有名」であったと言い、「この口合（くちあい）が軽い故に有名だったが「実はもと遠くから踊りに来た男女をからかった歌で、なまめかしい色々の意味が含まれていた」と解説している。(16)

この歌は、歌舞伎十八番の「助六」の中にも台詞として登場している。揚巻（助六の恋人である）が店から送り出した笠をつけた客（実は助六兄弟の母親・満江）に向かって、助六の兄である白酒売りの新兵衛が、悪態をつく、そのくだり。

「(略) 抜けば玉散る天秤棒、坊さま山道破れた衣、ころも愚かや揚巻の前立ち。白酒の粕兵衛というもの、家に伝わる握り拳の栄螺（さざえ）殻、汝が目鼻の間を」(17)

と、殴ろうとして笠の中の顔を見て、驚き狼狽（うろた）えるという場面に続く。「坊さま山道」は広く膾炙（かいしゃ）されていた一節であることがうかがえる。

また、最後の「大坂天満の真中で」も大坂でよくうたわれていた俗謡であった。元の歌は「大坂天満の真中で　傘枕でしてやった　あんな水くさひぼぼした事ない　塵紙三帖ただすてた」というささか品のない歌である。これは天保八年、大坂で大塩平八郎の乱が起こった時、騒動の鎮圧に出陣した東西両町奉行が二人とも、砲声に驚いた馬から振り落とされたので、人々は「大坂天満の真中で　さかさ馬から落っこちた　あんな弱い武士見たことない　役高三千ただすてた」と、ざれ唄にしたという。(18)　大坂の天満は、菅原道真を祀った天満宮のある繁華な地で、大塩平八郎の乱の舞台となった。

また、詞のリズムも現在のものとはだいぶ異なる。現在の秋田音頭は「ヤートーセーこら秋田音頭です」で始まり、「ハーキッタカサッサー（ドン！）ハドッコイサッサー（ドン！）ハドッコイナー　コラ」の囃し言葉が入り、地口となる。

「いずれこれより（7音）ご免なこうむり（8音）音頭の無駄を言う（9音）ハーソレソレ（囃し言葉）当たり障りも（7音）あろうけれども（8音）さっさと出しかける（9音）ハーキッタカサッサー（ドン！）ハドッコイサッサー（ドン！）ハドッコイナー（囃し言葉）」と詞形やリズムが整っている。

天保時代のそれは、短いフレーズ（語数が一定していない）の文句が終わる度に長い囃し言葉が入り、また、囃し言葉も様ざまである。

これらの詞からわかることは、

①現在の秋田音頭のリズムとは少々異なるし、囃し言葉も異なる。

②にもかかわらず、秋田音頭のユーモラスなところ、破天荒さ、リズムのよさといった特徴はよく出ている。
③「坊さま山道」や「大坂天満の」は他地域の唄から借用した詞で、秋田のオリジナルは「戸棚の隅コの——」のみであり、この時代は秋田音頭の生成期といえよう。
④「大坂天満」は間違いなく大坂の唄だし、「坊さま山道」も広範囲な地域でうたわれていたが大坂でも落語の中に取り入れられており、(19) 全体に上方の匂いが漂う。
この時代、すでに「秋田の音頭は秋田の名物」という認識であったことも留意される。「秋田の音頭」と銘打っているのは、「伊勢音頭」を意識してのことであろうか。

◆秋田の状況

天保の凶作は秋田も例外ではなかった。秋田では天保三年・四年・五年・六年・七年と五年連続の凶作だったが、特に天保四年は「巳年（みどし）のケガジ」と呼ばれ、最大の凶作となった。夏に冷たい風が吹き、稲の開花期には暴風雨が続き、雪も例年より早く降り出すとい う異常気象で、米の収穫はよくて半作、所によっては皆無作もあった。(20) 従って年が明けると飢えた農民は食糧を求めて浮浪し、久保田（今の秋田市）に集まって来た。藩は久保田の町に四ヵ所、救い小屋を建てて救助にあたったが、到底間に合わなかった。橋の下には大勢の浮浪者がたむろしていたが、春先から六月頃には疫病が襲い、大勢の人たちが命を落としたという。

世情も不穏で、天保四年七月には土崎港で米価高騰に端を発した「うちこわし」が勃発。翌五年一月には仙北郡で「前北浦一揆」、次いで二月には「奥北浦一揆」という秋田藩最大の百姓一揆が起こり、藩政を揺るがした。

が、日本海側の秋田は奥羽山脈がヤマセをさえぎり、かつ、沖合を黒潮が北上しているので、被害は南部藩や仙台藩など太平洋側ほどではなかった。藩境を越えて他藩から夥しい流民が入り込み、多くの死者が出た。

秋田藩は天保五年の秋には飢饉対策として、「粥や雑穀の厳守」「うどん・そばの禁止」「米・麦を原料とする菓子の製造禁止」「法事・祝儀の簡略化」など、いくつかの対策を出しているが、その中には「酒造ならびに濁酒・手造り酒の禁止」も入っている。(21)

この天保の凶作の傷もまだ癒えぬ八年の春、秋田領の山里の温泉では、昼日中から宴会で飲めや踊れやの大騒ぎがされていたのである。さすがに酒の肴は干物ばかりだったが。

『秋田日記』（無明舎出版刊）の現代語解説をした気仙沼市史編さん室の小松宗夫氏は、

「註」で、宴会に参加していた女四人・男十人について、「それにしてもこの多芸な男女グループは何者であろう。芸能の普及がこれ程活発とは感心するばかりだ」とコメントしている。

この件について少し考えてみたい。

熊谷新右衛門は、同書の中に秋田踊りの女性二人の姿もスケッチしている。小松氏は「踊り子の服装は江戸吉原の一流妓楼の姿と同じで驚異でもある」と記している。やはり女性四人は芸妓であるのは確かであろう。新右衛門の宿では四月十日にも、「一日酒盛り。秋田音頭にて大騒ぎに御座候」とある。

小安温泉は、秋田藩士・淀川盛品（もりただ）が文化十二（一八一五）年に編さんした『秋田風土記』では、「六郡第一の名湯、温泉宿十二戸」と記され、文化八（一八一一）年には、藩主・佐竹義和が領内巡回の途次、お供の者ら総勢約三百人と共に宿泊している。[22] また文化十二年頃、菅江真澄が地誌『雪の出羽路　雄勝郡』に記した小安温泉（小安湯本村）には、後に熊谷新右衛門が投宿した佐藤湯左衛門を筆頭に十四戸の家人が記されている。天保八年当時も、何軒もの宿があって賑わっていたのだろう。

では、十人ほどの男らは、どんな者たちだったのか。

その可能性のある人たちを考えてみると、第一に北前船の運行で賑わう土崎港と雄物川で結ばれ、その交易で莫大な利益を挙げていた横手盆地南部の商人や大地主たちがあげられよう。たとえば、雄物川の重要な港があった角間川の地主六人衆は、天保六年当時、秋田藩の収入の四分の一を賄っていたという。(23)　彼らが小安温泉まで行くにはちょっと遠いとしたら、角間川よりは近い横手・増田・湯沢あたりの商人・地主も可能性があるだろう。また、第二は侍たちか。彼らもしばしば小安温泉を利用している（湯左衛門宿では四月十日には小木源之助一行五人が泊り、土産の酒で新右衛門も大酔している）。ともかく、どちらにしても芸達者だったのだろう。

◆土崎湊でも

新右衛門が秋田に滞在中、「秋田音頭」の記述がもう一ヵ所、出て来る。土崎湊でのことである。

新右衛門は四月二十一日、久保田を発って土崎へ向かう。途中、八橋（やばせ）の茶屋、仕出し所八郎兵衛は、江戸前のうなぎ飯と飴が有名であると記している。

土崎湊は家数千軒といわれる街で、湊には下り船二十五艘ばかり入っていた。芝居は下りのが日に二回。歌舞伎狂言「古手屋八郎兵衛」妻重の段がおもしろく、大当たりであった。新地というのは遊女町である。大層賑々しい。家並みはいずれも総二階で、太鼓・三味線の音が絶え間なく、「いかなる者もこれに浮かれざるはあるまじ。新潟へんよりは女はよろしからず」。が「酒盛り騒ぎはなかなか劣るまじ」と書かれている。そして、次。

名物、秋田音頭踊り、童子壱人、出き候。狂言「忠信」「願人」「汐くみ」ほか色々。何も豊後狂言也。

名物の「秋田音頭踊り」を子どもが一人出て踊ったというのである。そして豊後節の曲で「忠信」「願人」「汐くみ」等々の踊りが踊られた。

この後に、出された献立が記される。「料理は当家、中。甘鯛の塩ふり焼き、このしろ煮付け、菜のもりこみ、かすていら、ゑう（注・えい）の煮付け、これも切り込み様。丼蕗へ三杯酢かけ、摺り生姜、鯛の蒸し物、味噌かけ。一円さし身・なます、これ無く候。吸物は三度」。刺身や膾は全くなかったが、さすがに海辺の妓楼で様々な料理が出ているし、中にカステラがあるのが目を引く。

次に興味深いことが記されている。

芸者、二人のうち壱人は江戸子。よき女なり。この節、江戸者沢山、色々の芸人共、入り込みおり候。何に是は、聞き候分をここに印す。誠に繁華な地なり。

芸者の二人に一人は江戸から来た人たちであり、いい女だ。聞いた話だが、この節、江戸からいろいろの芸人が入り込んでいるという。土崎湊は非常に繁華な地だ。

おそらく全国的に天保の大凶作に見舞われている中、秋田は大丈夫だとの風聞が伝わり、江戸からも大勢、入り込んでいたのではないか。

それにしても熊谷新右衛門は秋田音頭が気に入ったのか、よくぞ書きとめてくれたと思う。

◆地口灯籠・芝居

新右衛門は三ヵ月にわたる秋田滞在中、何度か祭礼に遭遇しているが、そこで注目される一つが「地口灯籠」である。

四月七日は、小安温泉の薬師祭礼。「夜祭りにて、賑々しく御座候。地口灯籠など、沢山にこれあり」

同十八日には矢島町。「当所は、秋葉山の御祭礼にて、夕べより大賑々しく、町切の取り仕掛け物、横あんどん、地口あんどん、軽業踊り、狂言、江戸下り芸者これあり候。夜祭り、大にぎわいなり」

地口行燈の、地口とは、『広辞苑』によれば、「ことわざや俗語などに同音または声音の似通った別の語をあてて、ちがった意味を表わす洒落」。例として「着た切り雀」（舌切り雀）などがあげられている。地口行燈は、「地口を記した行燈で、多くは戯画を描き加えて、祭礼などに路傍に立てる。宝暦・明和の頃に盛行」とある。

地口と言ったのは江戸で、上方方面では「口合」と言ったので、この習俗は江戸から伝わってきたものであろう。

秋田市勝平神社の地口絵灯籠まつり

今は秋田市の勝平神社祭礼でしか見ることのできない地口行燈（灯籠）がかつては秋田の多くの地で見られ、そこには地口が記されていた。当時の地口の文面を見ることはできないが、言葉遊びの流行が、秋田音頭の基盤であったことがうかがわれる。

また、四月二十四、二十五日には、久保田で二日続けて芝居を見ている。二十四日には「妹背山婦女庭訓」三段目から四段目までと「金毘羅利生記」。二十五日から演目が代わって「忠臣蔵」。「湊より宜敷」—土崎で見た芝居よりよかったとの感想である。

繰り返すが、天保八年は前年まで天保の凶作が続いていた。その被害がまだ十分回復していなかったと思われる時期に、少なくとも二つの一座が土崎と久保田で興行を打っている。「芝居は、下り」と記しているので、上方の一座であろう。土崎は主に北前船等の乗組員等を観客として当てこんだものだろうし、久保田は武家の子女や町人が観客である。当時の秋田の経済力がそれらを可能にしていたのだろう。(24)

そして、秋田・土崎で歌舞伎が盛んに興行されていたということは、その影響が秋田音頭の踊りにも表れていておかしくない。秋田音頭の芸能としての土壌にもなっていたと思われる。

四　「伊勢音頭」との関係

ここで秋田音頭と「伊勢音頭」との関わりについて考えていきたい。先に触れたように、井上隆明氏は「伊勢音頭」の歌詞を掲げた後に「注」で「秋田音頭の原形か」と一言記しただけで、どこがどう関連しているのかは述べていない。この問題を深めてみたい。

秋田音頭と伊勢音頭との共通点は、囃し言葉だと思われる。これらの囃し言葉をみる。

・天保八年の「秋田音頭」（熊谷新右衛門「秋田日記」）

冒頭　〽ヤットセイ　〽ヤットナア

終り　〽ヨイトハリヤナ　ハリヤナノ　ナアヨイヨイヨイハ　ドコイハリハイナ

・明治初期の「秋田音頭」（近泰知『植田の話』、秋田文化出版社）

地口拍子　ドン（太鼓）ドッコエハリワエナ　ドン（太鼓）ドッコエナ　ハリワエナ　ドッコエナ　ドッコエ　ハリワエナ

・「伊勢音頭」（『日本民謡大観　近畿篇』、日本放送出版協会）

〽伊勢はナー津で持つ　津は伊勢で持つ、尾張名古屋はヤンレ城で持つ　ヤッコラ
ヤートコセー　ヨーイヤナ　アリャリャ、コレワイナ、コノヨイトコセー

秋田音頭を秋田音頭たらしめている冒頭の「ヤートセー」は、伊勢音頭の「ヤートコセー」から来ていることは間違いないであろう。そして今はうたわれていないが明治の初め頃までは入っていた囃し言葉「ハリハイナ」も、伊勢音頭の「アレワイナ」「コレワイナ」から来ていると思われる。以上のように、秋田音頭で地口を勢いづかせる囃しの部分のかけ声は、伊勢音頭に大きくよっている。

「伊勢音頭」とは、伊勢神宮を中心とする三重県の伊勢地方の酒盛り歌の総称である。浅野建二編『日本民謡大事典』（雄山閣出版、昭和五十八年）によると、伊勢音頭は正確には宴席を盛り上げる「座敷唄」と、伊勢神宮の参詣人が歩きながらうたった「道中唄」の二つに分けられ、それぞれ別の歌だが、普通、「伊勢音頭」というと座敷歌のことを指す。この歌がどのようにしてできたか諸説あるが、一番有力視されているのは、古市（ふるいち）の近くの盆踊り歌「河崎音頭」が改作されたものだという説である。

古市は、伊勢神宮の内宮と外宮の中間に位置する歓楽街で、江戸時代は伊勢の参詣人の精進落としで大変な賑わいだった。その近くで享保時代（一七一六〜三五）に、吹上町の奥山桃雲の作詞、宇治山田河崎町の俳人・伊藤又市梅路の補作、同町の鍛治屋長右衛門草司の節付けで「河崎音頭」が歌い広められ、盆踊りや、古市の遊里の遊女たちの総踊りとして名物となった。それらは長唄式のものだというが、歌詞も数多くつくられ、各妓楼でも固有の音頭唄ができていった。やがてそれは京坂地方でも流行し、そういう中から「ヤートコセイ　ヨイヤナ　アリャリャ　コノなんでもせー」の囃し言葉のついた現行の伊勢音頭に近い歌になっていった。

もう一つ確かな説として唱えられているのが、この「ヤートコセー節」は、もともとは二十年ごとに造り替えられる伊勢神宮の用材を運ぶ際の「木やり歌」が基になっており、いつの頃からか花街の騒ぎ唄に取り入れられたというもの。

やがてこの歌は各地からの参詣人が往復の道すがらうたい、また、願人や御師（おんし）らによって全国各地に入り、そこで土搗き唄や祝い唄、盆踊り歌になっていった。「伊勢音頭」ほど波及した民謡はないのではないかと思われるくらい、列島のすみずみにまで運ばれ、定着した。

さらに、伊勢の木やり歌は、祭礼の木遣り歌、北前船の帆柱立て祝いの歌、建網漁法に欠かせない漁撈の歌（ニシン漁の沖揚げ音頭等）としても、全国および秋田の海べりの地方でも盛んにうたわれてきたのである。

こうしてみると、「ヤートセー」が不可欠な歌である「秋田音頭」の成立は、少なくとも江戸時代の半ば以降ではないかと思われる。

なお、伊勢音頭が現在の形になるまでは、錯綜し、一筋縄ではいかないようである。文政五（一八二二）年に松井譲屋（じょうおく）が編さんした『浮れ草』には「勢州川崎節」として次のような歌詞が載っている。

〽大坂離れて早玉造、笠を買ふなら深江が名所、ヤアトコセ、ヨイヤナ、アリャナアコノナンデモセイ。

〽とろりとろり紅かね付けて、男たらしの化粧坂見れば、ヤアトコセ、ヨイヤナ、アリヤ、コリヤラ、コノナンデモセイ。(25)

この囃し言葉は現在の「伊勢音頭」にかなり近く、「伊勢音頭」と「川崎節」「河崎音頭」の境はあいまいなものであったようだ。

五　土崎・久保田と秋田音頭

◆土崎

江戸時代から鉄道が開通する明治三十年代初めまで、秋田の物資の移出入は圧倒的に海運が占め、土崎湊は大繁栄していた。

『秋田県史　第三巻　近世篇　下』（昭和四十年）によると、秋田藩の文化年間の輸出入のうち、陸路の交易は一〜二割、後は海上交易で、土崎湊が輸出入ともに過半数、能代湊は二割弱だった。土崎の比重が圧倒的に多いのは、近くに藩の中心である大消費地・久保田町があることに加え、雄物川の舟運を通じて藩南部の穀倉地である仙北・平鹿・雄勝と結ばれていることだった。

移出の七割は米。他に大豆・小豆・そば等の農産物、杉材木・蝋・漆・たばこ・干しわらび等、山のものが続く。移入品は衣料関係が約五割、その他、塩・砂糖・松前物などの食料品や、鉄・紙類・生蝋・傘等の日用品だった。

土崎湊に出入りする交易船は、北前船など諸国廻船が年平均六〇二艘。その拡がりは日本海沿岸から瀬戸内に及ぶ広範な地域にまたがっており、特に加賀湊や越前三国、若狭小浜、大坂の廻船が目立ったという。

こうした中、土崎の町では「秋田音頭」が盛んに歌い踊られていた。

＊

土崎湊の活気は、まだ雪のある春三月から始まった。仙北米三百俵から六百俵を積んだ川船が毎日十艘以上ずつ下って来て、それが三ヵ月続く。荷運びの仲仕(なかし)たちは急に元気づき、まだ氷の張っている川の中へ腰まで入って米を陸揚げした。一方、大坂方面からの一番船が三月下旬に入港し、問屋をはじめ商人たちも活気づく。

仙北の大地主たちは皆、それぞれ庫宿や米取り引きの商人宅を常宿としていた。船乗りたちも上陸する。

土崎に流れ込む旧雄物川

「廻船問屋には「ナベ」と呼ばれた綺麗な女中たちがおって、船頭衆の接待からお酌を兼ね、そこでもまたにぎやかな酒宴がはじめられた。酔うて義太夫をやるものや唄うものの声が往来にまできこえた。

土崎では建物の壁面に巨大な北前船の絵が

そうした問屋の前には日が暮れると、音頭をやるひとむれが三味線、太鼓のおはやしもにぎやかに「高燈」をかかげて軒下にあらわれた。すると、二階からは、船頭衆が金を投げてその秋田音頭を踊らせるのであった。それを見ようと、往来へ人があふれ、問屋は「高燭」を灯して祭りのようにそこらを明るくした」（傍線引用者）

今野賢三編『土崎発達史』（土崎発達史刊行会、昭和九年）

秋田音頭の囃子・歌・踊りのグループが高灯籠をかかげて町中を歩き、求めに応じて踊るのが常だったというわけである。

遊郭でも盛んに酒宴がされ、秋田音頭が唄い踊ら

土崎の地図（かつては川沿いの御蔵町・穀保町に蔵が建ち並んでいた）

れていたことは言うまでもない。「そのように享楽的になるのは、「板子一枚下は地獄の底」と意識していのちがけで船乗りを職業としているものたちは、船の着いた湊こそ、刹那の享楽場なのだ。明日のいのちがわからないのだから、持っている金や儲けた金を、酒や女に思いきり使ってしまおうとしたのも自然であった」。「なんと言っても春から秋までは、湊は楽天地であった」（前掲同書）

「秋田音頭」は土崎湊の活気を象徴するものだったといえよう。

◆久保田（秋田市）

秋田音頭は久保田（秋田市）の町でも盛んだった。久保田では、内町（武士町）と外町（町人町）のそれぞれで、踊りの手が違っていたことは前に述べたが、「秋田魁新報」明治三十九年七月十六日付け掲載の老芸妓・児玉鶴の談話もそれを裏づけている。

「内街と外街は全然違います。内街のは、寧ろ手が器用ですが、足に重きを置きません。大方、素人衆のを手本としたものでしょう。

外街でも、二つの種類があります。一は座敷躍りにして、二は櫓（やぐら）躍りです。座敷躍りは優しく躍るようにしますが、櫓躍りは少々荒っぽいのです。それで、櫓躍りは女の子でも、必ず男から教わったものです」

座敷躍りは字のごとく、座敷で踊る秋田音頭だが、櫓躍りとはどういうものか。土崎の商人・近藤源八が明治年間にまとめた『羽陰温故誌』にその記述がある。[26] それによると、櫓躍りは秋田管内屈指の七月の盆踊りで、町一丁、または二丁ごとに大櫓というのを設置して、そこには種々の人形を置き、さまざまな絵を描いた大奉紙という幅一間余りの紙を継ぎ足したものを何枚も櫓の両側に吊るし、裏には数百本のロウソクをともし、中央には万燈を掲げ、花道、縦二列で踊る。「その姿、千変万化」、実に見事である。「その躍りの囃子に、秋田音頭

〽いづれこれより御免をこうむり音頭の無駄を言う。お気にさわりもあろうけれども、さっさと出しかける。ソレソレ

〽一丁目小路のくされ菜の葉を、必ず買うこテない、三百取られた揚げ句の果てには、鼻までもんがれた、ソレソレ

と云うて囃すなり」（秋田菜の葉というは、日本全国に娼妓の貫名なり）

とある。

伝説の名人、「田上のおんツァン」が、音頭をとったのもこうした櫓であった。彼は「各町に立てた間口五間ないし十間位の踊りやぐらの程よい所に陣取り、声張り上げて音頭を取ると、黒山のように集まっている観衆が、我を忘れて、その新作地口に頤を解いたものであったという。この地口も町内に起こったことがらや、ごく卑近の情事や、町の風聞等に亘って風刺的なものであった」（加藤俊三『秋田県案内』）。

櫓躍りは野外なので、座敷躍りに比べ、少々荒っぽくなるのは当然だろう。

＊

児玉鶴はさらに興味深いことを述べている。

「私共の躍る時代は、官員さんでも、芸人が多かったのです。それですから、なかなか誤魔化しは出来ません。大いに稽古に難儀したもので、寒中でも袷（あわせ）一枚でした。それでなければ形（かた）がつきません」（傍線引用者）

つまり、花柳界の座敷では、芸妓が踊るのを客人たちがただ見るだけではなく、客である官吏たちもかなりの芸達者だったというのである。そこで思い出されるのは、熊谷新右衛門が小安温泉で見た酒盛りの光景である。女子四人と男十人ほどが入れ替わり立ち替わり、秋田音頭やその他、種々の歌と踊りで一日騒いでいた。誰が芸人かわからないほど、皆、達者であった。それは小安温泉の座敷に限ったことでなかったのだ。

◆流しの一団

さて、外町の盆踊りである櫓躍りは明治のいつ頃にか姿を消してしまう。内町の盆踊りはとうの昔になくなっていた。

代わりに盆の時期、人目を引いたのは、芸人たちによる秋田音頭の流しの一団だった。豊年万作と書いた大万灯を先頭に、笛・太鼓・三味線・摺り鉦などの囃子方の屋台をかつぎ、数人の踊り手がつき、町々をまわって、ご祝儀をもらうとその場で踊る。

踊りは男たちで、「揃いの衣装。意気な三尺帯に腹掛け股引、白のつっかけ草履に豆絞りの手拭いを頭に巻き、腰に火打ち袋かなんかを下げた、キリリッとした勇み肌の姿で踊った」。(27) 踊り方は各組によって異なっていたが、彼らは従来からの笠音頭(花笠を持っての踊り）や四つ竹音頭（幅一寸に長さ三、四寸に切った竹を片手に二枚ずつはさみ、拍子を合わせて打ち鳴らしながら踊る）に加え、「組音頭」という「与市兵衛に定九郎」「志賀団七敵打ち」など、芝居の一場面を取り入れた二、三人組みの踊りを上演した。

「与市兵衛に定九郎」はご存知「仮名手本忠臣蔵」五段目「山崎街道の場」で山賊の定九郎が老百姓・与市兵衛をあやめて懐の財布を奪う場面。「志賀団七敵打ち」は「碁太平記白石噺」の、百姓娘の出の姉の宮城野と妹の信夫が、父の敵・志賀団七を討つ話。姉妹は白装束で、一人はナギナタ、一人はクサリ鎌を持っての立ちまわりで見ごたえのあるものだったという。これら芝居のさわりを組音頭に織り込む趣向は「にわか」と関係があるといわれ、かつて、芸好きな人々は何か催しがあれば、芝居の一場面を素人が演ずる「にわか」をよく演じていたという。(28)

「組音頭」で現在も上演されている出刃包丁と傘の踊りは、明治二十年に東京で起こった芸妓・花井お梅の使用人殺しの事件（それまでも美貌のお梅は浮名を流し何かと話題になっていたので、事件は一大センセーションを巻き起こし、たちまち潤色され新内語りや芝居や小説になった）を元にしたものである。この踊りを振り付けたのは、亀ちゃ・福ちゃの兄弟であった。

◆亀ちゃと福ちゃ

明治時代、流しの秋田音頭の芸人として最も名高く、秋田音頭を今日のように普及させた第一の功労者は、「亀ちゃ」こと仁井田亀松と、「福ちゃ」こと仁井田福松の兄弟だという。彼らは士族の出で、亀松は安政三（一八五六）年、秋田市の旧柳町で生まれ、大正五（一九一六）年に六十歳で没している。福松は明治元（一八六八）年頃の生まれで没年は昭和の初年頃。(29)

彼らについては断片的なことしかわかっていない。兄の亀松は幼少の頃から芸事が好きで、佐竹家臣の白いひげを生やした人から踊りを習ったという。秋田藩の柔術隊から秋田音頭の型を習ったともいわれる。近くにあった芝居小屋（秋田劇場）によく出入りしていた。また、兄弟は凱旋座（秋田劇場の前身。更にその前は長栄座）の下足番をしていて、東京の芸人の舞台を見よう見真似で覚え、秋田音頭に合わせた「傘踊り」を創った。それが芸人衆の目にとまり、舞台で披露したところ、大当たりだったとの話も伝わる。(30) 前述の芸者と三味線ひきの刃傷沙汰を描いたもので、その出来栄えはプロの芸人が舌を巻くほどだった。

明治二十七、八（一八九四、五）年の日清戦争の頃は、「勇壮俊敏なスタイルと時事時局をうたいこんだ歌詞とで人気を博し、その後の日露戦争（明治三十七、八年）では「亀ちゃ踊り」の一隊をつくって街頭演出をやり、大いに市民の士気を振興させた。師匠亀ちゃは常に創作した新しい作詞と演技を街頭で公開し、銃後施設に協力しない富裕階級への諷刺、社会施設に理解無い者への鉄槌など、思い切って大胆な社会制裁を芸能によって敢行した。当時、「亀ちゃ踊り」でやっつけられたといえば、新聞制裁より強力な反響があったと言われる」。(31)

亀松の秋田音頭の稽古は厳しく、弟子に畳一枚から足を出さぬよう踊らせた。その踊りは足の踏み出しが小さく、手の振りで踊りを大きく見せるものだった。激しい練習のため、部屋の畳は擦り切れてボロボロだったという。亀松と福松は、多くの芸者衆や町の職人たちに秋田音頭の踊りを教え、それらは「亀ちゃ踊り」「福ちゃ踊り」と呼ばれた。

亀松は気難しく、福松は気立てのやさしい人柄だった。福松は大正四（一九一五）年、土崎に移転し、土崎を拠点に活躍したという。

盆の流しの秋田音頭は明治中期から後半が盛んで、大正期には下火になり、やがて姿を消した。

久保田（秋田市）は以上のように、秋田音頭は内町の盆踊り・外町の盆踊り（櫓踊り）・花柳界（芸妓の踊り・通の客人たちの踊り）・流しの芸人たちの踊りがあった。時代によりそれらの消長はあったが、芸妓の踊りはずっと継続し、それに加え、芸人、及び芸好きな人々の踊りが連綿と続いてきた。

六　雄物川水運と秋田音頭

秋田音頭は、雄物川の主要な川港でも踊られていた。各町で始まった経過は不明だが、雄物川の水運による人の行き来で、この芸能も波及したのではないかと思われる。以下、それらについて見ていきたい。

◆新屋

土崎の河口から雄物川をさかのぼること約八キロ。最初の川港は、河辺郡新屋町（現秋田市新屋）。新屋は海岸砂丘と雄物川沿いに位置し、人々の生活は雄物川に大きく依存していた。

全長百三十三キロの雄物川は、中流域にある角間川町を境に「上川」と「下川」に分かれ、水量も少なく急流もある「上川」は中小帆船で運航されていたが、「下川」は水量が豊かで千俵から千二百俵積みの大型帆船が運航していた。新屋は「下川」の川港のうち最

秋田市新屋の雄物川

も大きく、下川で活躍した船の大半は新屋の船だった。新屋は久保田（秋田）の川港として栄え、問屋や船頭が多く、荷物はここで小船に積み換え、旭川をさかのぼり、久保田の馬口労町で荷上げしたという。(32)

同地の日吉神社は、大同元（八〇六）年創建という由緒をもち、時々の領主の尊崇も篤かったが、「山王大権現」通称「山王さん」と親しまれ、霊験あらたかな神社として庶民の信仰も篤かった。祭典は旧暦四月二十六日で、大きな櫓が建てられ、遠近にその名が知られ盛大に行なわれてきた。その慶応年間（一八六五～六七）には、「若者共始女倅」が、祭礼に「踊・俄」を奉納している（経費は各家々に割り当て徴収）。(33)

また、盆踊りも盛んで、明治末年まで毎年七月十六日から五日間、毎晩のように行なわれた。場所は天龍寺の前の道路。両側にいろいろの装飾をした櫓を建て、多くの老若男女が集まり、「秋田音頭」「けんばやし」「甚句」等をうたい踊った。この際、蓮の葉をかむっ

新屋の日吉神社

たり、紋服をまとったり、あるいは男は女装、女は男装するなど、思い思いの趣向がこらされていた。(34)

昭和九年発行の『秋田郷土芸術』の「秋田市・秋田音頭」の項に、「新屋の若衆　盂蘭盆さないどて　大根さ勘当きせた、若衆の事だば　大小も持たないで鎌でやっつけだ」の詞が収録されている。

天龍寺は今は町の中だが、かつては街の端。雄物川が氾濫すると、すぐその下まで水が来たものだという。

◆大曲

新屋から雄物川をさかのぼること約五〇キロ、丸子川との合流地点に発達した川港が大曲である。大曲は穀倉地帯である横手盆地の中央に位置し、羽州街道の要地でもあり、陸路と船運による物資の集散地として栄えた。近世には、領主や家臣らが参勤交代の途次、宿泊する本陣が置かれた宿場町でもあった。

大曲は、雄物川では新屋、土崎に次ぐ川港だった。丸子川畔には御倉・浜倉が立ち並び、商取引の会所である翁屋や大納屋蔵宿があった。当然、歓楽街もあった。港には年貢米を運ぶ御用船がいっぱいに並び、土崎からは塩をはじめ干し魚・陶器・反物・薬などが運ばれてきて連日賑わった。

大曲には市日が立ち（文化年間には一ヵ月に六回）、商業も盛んだった。その中で海産物をあつかう五十集（いさば）屋は、船頭によって開拓されたものであり、大曲が「商人の村」といわれるようになったのは、五十集商が羽振りをきかせたからだった。彼らの大部分は新屋・土崎方面の船頭が大曲に根をおろした者だったという。

仙北地方から集まる膨大な米の取り扱いと、郡内各地への物資の供給に携わる中で、大曲では、後述の角間川と共に大地主が多数発生していった。彼らはそれらの米を川下げによって土崎湊の問屋に売るだけでなく、上方商人と直接的なつながりを持つ者もいた。(35)

＊

さて、大曲には現在、伝統的な盆踊りはないが、かつては盛んにやられていた。

江戸時代の紀行家・菅江真澄が文政九〜十二（一八二六〜二九）年に大曲で描いた盆踊りの絵がある（『月の出羽路　仙北郡九』）。「万作をどり」と書かれた囃子の屋台の上では、上半身裸になった二人の男が太鼓を叩き、その横に笛吹きが一人、さらに三味線を弾いてい

大曲の盆踊り　菅江真澄「月出羽道（仙北郡九」）
（『秋田叢書　第九巻』秋田叢書刊行会・昭和6年）

る人が二人。当時、三味線は非常に高価なもので、おそらく北前船を介して上方から取り寄せたものであろう。路上にはかがり火を焚き、その周りを十七人の男女が踊っている。蓑笠をつけて鍬をかついでいる人、虚無僧、黒い羽織の人、片手に柄杓をもっている男は伊勢参りで喜捨を乞う姿だろうか。特に目を引くのは、頭からすっぽりと黒頭巾をかぶり顔を隠した人が七、八人いること。亡者の恰好をしているのか、まるで西馬音内盆踊りの装束を思わせる。そういえば、両手を前に突き出して広げている姿は、西馬音内の「音頭」の振りを思わせる。

ただ、真澄はこの踊りや装束にに関し

ては何も書いていない。〝大曲では「盆の松」といって、盆の七月十三日に朝市で松が売られ、それを買い求めて内庭に立てる。灯火に浮かび、簾越しに見えるその様は風情がある。この風習のいわれは不明である〟ということだけを記している。

従って、この踊りがどんな曲で踊られていたかは不明である。ただ、「秋田音頭」の可能性も否定できないのではないかと思う。

というのは、田口松圃という明治十六年生まれの大曲の文化人（彼は俳句や日本画に優れ、秋田県文化財専門委員、更には仙北新報の社長や大曲町長を務めた）が、明治時代の大曲の盆踊りについて書いているのだ（「町の昔の盆踊」、『随筆雑誌　草園』昭和十二年九月号）。おおよそ以下の内容である。

元来、昔の大曲の町の人たちは踊りが好きで、娘さんたちは町に住みついていた役者流れの人へ踊りを習いに行っては、毎年の祭礼のセッタイ（引用者注・商家等が招待客をもてなすために道路に面した部屋に設けた仮設の舞台）を晴れの舞台として踊ったものだ。また若者たちも流れ渡りの役者から仕込まれ、常に芝居をやっていて、時には一座を組んで近県まで押出して芝居を打って歩いたという。

そうした町だけに、盆踊りもまた男女入り乱れて夜遅くまで踊ったものだ。セッタイでは、三味線太鼓チャンカネに横笛も入って囃し立てていたが、唄は大抵秋田音頭の地口であった。

いう迄もなく丁内に起ったニュースや、井戸端会議の材料になるような人物を地口にして唄った。流石（さすが）にその人の名は言わなかったにしても、町の人々には、すぐピンと響いた。そこでドッと笑ったり手を打って痛快がったりした。踊っている男女さえ吹き出す者が多かった。地口の、或いはズケズケと露骨な、或いはやんわりと皮肉な、或いは巧妙なアイロニー、或いは思い切って猥褻な文句をきいては、誰も誰も堪（たま）らなく可笑しかった。

町では、この地口も昔から流行って、祭の地口行燈には、この盆踊りの地口と同じく町の社会ダネが読み込まれていた。それは一種の社会制裁の役目をもつとめていた。

盆火の大かがりの周囲を踊り廻るすっぽりと手拭いで顔を包んだ、または編笠をかぶった、少しは異装変装も交った男女の輪を眺めていると、時の経つのも忘れてしまっていた。

町の昔の青年男女の風俗は、決して厳格だとはいえなかった。旧正月の十五日の綱引では、男も女も夜通しで綱を引いたり寒天に声張り上げて唄ったりして歩いたが、それは見も知らぬ男女の仲を引寄せるかがい歌となった。盆踊りも同様である。

これを憂えた時の小学校長の浅沼先生は、忽ち全校の父兄に檄（げき）をばして、以来盆踊りに出してならんと布告したものである。

これを一契機として町の盆踊りは、次第に衰滅の一歩を辿り出し、明治時代を一期にして、いつしか無くなってしまったのである。（傍線引用者）

つまり、綱引きや盆踊りで若い男女が道徳的に甚だ問題ある行動をとるのは教育上よろしくないとの校長先生の禁止をきっかけに盆踊りが明治の末になくなってしまったというのである。注目される一つは、「大かがりの周囲を、顔を包み、或いは編笠で、少し異装変装で踊る」姿であり、それは菅江真澄の描いた絵との連続性である。そこから想像すると、真澄が見た盆踊りも「秋田音頭」だった可能性があるのではないか。

「盆の松」のくだりで、真澄が大曲の盆踊りの歌詞について全く触れなかったことも気になる。真澄という人は諸国の民謡の歌詞を集めた「ひなのひとふし」という著作もある上、紀行文でもしばしば里の歌を書きとめている。この時代の人には実に珍しく、民謡に大変関心を持っていた人なのである。当然、大曲の盆踊りでも歌詞は耳に入っていた筈である。それなのに歌詞はおろか、曲名すら記していない。「盆の松」の説明の後に続くのは、以下の文章である。

踊りは昔から国々ところどころのお国振りがあり、有名なのは伊勢の松坂踊り、近江の雀踊り、伊勢の四日市のづんづく踊り、津軽のぐゑんじ踊りは花山少将の作である。また、秋田のうまや虻川の里のさくら大歌小唄のそよき節は、国の守鑑照公の御作といわれる。

盆踊り一般について述べ、それで終わっている。考えるに、真澄が集めた山唄・田唄・臼唄・船唄・念仏踊唄等々は、いずれも古雅で、素朴ながら文学的香りを漂わせているものばかりである。しかしながら秋田音頭は、当世風で、口から出まかせで、しかも人や世間を揶揄し、性的な題材が多く猥雑で、真澄の感性では到底受け入れ難く、拒否感が先に立ってしまったのではないか。

では、文政九年当時、秋田音頭が盆踊りに用いられていた可能性はあるのだろうか。

その参考になると思われるのは、真澄がこれを描いたおよそ十年前の、「出羽国秋田領風俗問状答」の「盆おどり」の記述である。これは文化十二（一八一四）年、幕府の儒官・屋代弘賢（やしろひろたか）が発した各藩へのその国の風俗についての問状に対する、秋田藩士・那珂通博（なかみちひろ）と淀川盛品（もりただ）がまとめた答えである。

その「七月」の項に、久保田の盆踊りのことが記されている。現代文にしてみる。

城外の町々で十四日から二十日まで踊り、八月一日には城西の山王の広庭へ皆、出て踊る。これを「踊りおさめ」という。踊りは暮れから夜半過ぎまでである。山王では日中だけである。踊りの様子だが、町の中へ梯子で場所を取り置き、軒へ直径二尺ほどの大きな太鼓をかけて、これを打つ。踊り子はどこからともなく寄り集まって五十人、六十人と場所の中で輪になって踊る。歌の文句はさまざまある。

そろたそろた　踊り子はそろうた　稲の出穂より　またそろた

さても美し　踊り子の顔よ　いざよい頃の　月のかおよりも

歌の曲節はことに緩やかで、声を長くのばしてうたい、踊りの手のしなも伸びやかである。

それからやや調子が変わり、「半音頭」というのになる。太鼓も能の大鼓のようで、三味線、鼓、笛の囃子で、曲節と手ぶりが少々忙しく多くなったのも五十年来のことである。(36)

古来の盆踊りの太鼓伴奏だけのゆったりした踊りに五十年ほど前から、太鼓・三味線・鼓・笛で賑やかに囃す急テンポの「半音頭」が加わったというのである。この「半音頭」とは「秋田音頭」のことではないのか。

いや、即断はできない。土崎の商人・近藤源八は『羽陰温故誌』で、「旧藩政中の盆躍り」として、左記のように記している。

盆躍り　この月十六日の夜より始まり、旧藩政中、川崎躍りと云うことあり。舟船の諸税を統括する出入り役所と云うより躍り始め、それより町々巡る。廻船問屋または附け舟宿にて、これをとどめて客の馳走とす。

この「川崎躍り」とは、先に「伊勢音頭」の説明で出てきた「河崎音頭」についた踊りであろう。伊勢の河崎は江戸時代には「川崎」と表記されることもあった。河崎はかつて伊勢の問屋街であると共に、伊勢湾を渡り勢田川を船でさかのぼって来た伊勢神宮の参拝客が上陸する地でもあった。この地方でうたわれていた盆踊り歌や木やり歌が、享保年間に改作されて「河崎音頭」となり、近くの古市に伝わって「伊勢音頭」として大流行していったことは先に述べた。従って「河（川）崎躍り」も相当「伊勢音頭」に近いものであったろうことが推測される。

土崎では盆に「川崎踊り」が踊られ、久保田では「半音頭」なるものが踊られていた。実態は不明であるが、後者は「伊勢音頭（河崎音頭）」とは称していない。それとやや似ているところはあるが、はっきり「伊勢音頭」とは異なるもの。つまり「秋田音頭」そのもの、或いはかなり「秋田音頭」に近いものだったのではないだろうか。

◆角間川

大曲から雄物川を七、八キロさかのぼった横手川の合流地点が角間川港で、前述したように雄物川はこの川港を境に上川と下川に分かれていた。上流から五、六百俵積みできた船の荷はここで千俵から千二百俵積みの大船に積み替えられ、川を下って行った。従ってここは大船の終航地でもあった。

川岸には浜倉・大納屋・倉庫が建ち並び、明治二十年代には二十三軒もの問屋があり、秋田でも屈指の商人地主の町であった。

当時を知る老人から、郷土史家・平野長一郎は聞き取りをしている。(37)

角間川港の跡

私の若い頃は、まだまだ角間川と港（引用者注・土崎）の船の往復は盛んでしたよ。毎日、浜には夏の少ない時でさえ七、八艘、多い時は四十艘以上も、橋の下流から雄物川の合流点まで、船でいっぱいになっておりましたよ。

浜なんどは、まるでお祭りのような賑やかさでした。浜倉から米が出る。船から塩や石油、砂糖などの荒物から日用雑貨品がどんどん陸上げされて、浜倉に入る物や、すぐに小駄賃引きによって各店々に運ばれる、

角間川に今も残る浜倉

商人が来る、仲買人が来る。大変なものでした。

大納屋は船頭と商人の寄り合い場所で、主として五十集（魚類商）の人たちが集まった所でしたが、春の鰊（にしん）どきや初冬の雷魚（はたはた）どきなどは、まるで戦争のような混雑です。二十軒に近い五十集達と、それについて来る横手、湯沢、院内方面からの商人たちが、皆、馬を連れて来て、船一艘来るたびに「ワアッ」と集まって来て商いが始まります。

私らは自分の船の荷役が出来れば、小遣い取りに夜遅くまで、他の船に頼まれて働いたものです。その当時の角間川では、よくよくの背ほし（怠けもの）でなければ、浜に出れば仕事がなんぼでもあるので、飯の食いはぐれはないと言われたものです。俺らも十七、八の時は、もう一人前の船衆となって働いたものでした。

なんとしても忙しいのは、米の盛んに下る頃ですから、十一月から冬にかけてでした。

繰り出し船という小さな船で、雄物川の上流、明治村、沼館、館合、大森などから米が角間川に集まり、それに角間川の地主米や、黒川、金西、内小友、川西の米など、みんな浜倉に集まって、それが土崎港に船で運ばれたものです。想像してもその豪勢さがわかるでしょう。

船の大きさも、大保（だいぼ）（引用者注・角間川から数百メートル下流の船場）の丸万船のように、三斗入りで千俵近くも積まるものから、四、五百俵積みのものまで様々でした。船のやり方も、船頭は船を持って自分で商いをする人や、商人と出し合いで船を造ってその商人専属に働いた人、それから商人の船に雇われて船頭やっている人と、様々でした。

それですから運賃も、一俵、一個単位だったり、船一艘一往復なんぼと請け負いで運搬したり、様々だったようです。

ですから、角間川や大保の船以外に、新屋から商売船がたいした来たものです。船頭さんたちは皆、（角間川の）本町あたりに常宿がありました。

冬の吹雪の時や、氷（ザイ）の流れる時の河仕事は命がけでしたが、春にもなって川端の雪の消えた崖から青いものが見ゆる、ポカポカした天気のよい日、満々と雪解け水の川いっぱいに流れる大川をゆっくり下る時などは、ひとりでに唄が出て来ましたよ。

それに若い婦人の二、三人も便乗しておれば張り切ったものですよ。

よく湯沢、横手や近在の親方衆の人たちは、県下（秋田市のこと）に行くに、角間川から下りの船に便乗したものです。朝六、七時頃角間川から発って、さようですな二丁櫓で下れば午後の二時には新屋に着きます。そこで秋田の用件をたして、翌日土崎港に下るのは普通でした。朝、新屋を発てば十時頃には土崎に着きます。それでも新屋に行ってから、海の水や天候の状態で、新屋に二日も泊まることがありました。

（帰りは）追い風で条件のよい時は、土崎港から新屋に出て新屋を朝出帆すれば、夕方には角間川港に着きますが、上りは風の関係で竿こき、曳き船（引用者注・船に綱をつけ陸路から引っ張って行く）の時が多いので、一日に帰るのは困難で、刈和野あたりに一泊することが時々ありました。それでも季節風の北西の風が多くて、白帆に風を一杯はらんで走り出すと、下りよりも楽に上ることが出来たものです。

当時の活況や、角間川・新屋・土崎の関係もよくわかる貴重な資料である。

さて、これら仙北・平鹿地方から集まって来た米の取り扱い量は膨大で、角間川ではこの運輸業で儲けて地主となった者が多いという。浜倉で倉敷代と米の取り扱い手数料を取り、それを貸し付けて財を蓄え地主になった者もいた。ともかく途方もない量が行き来していた。すでに江戸時代中期には地主二十五人が中心となって村を動かすようになり、その中から成長した六人は「角間川地主六人衆」といわれ、天保六（一八三五）年の秋田藩の記録では、藩の歳入の四分の一をこの六人が賄うほどになっていたという。(38)

この角間川でも、古くから盆に「秋田音頭」が踊られていた。同じく平野長一郎が記している。(39)

＊

旧盆の十三日から二十日までは、旧の小正月と同じで、休みと楽しみの盆である。様々な催しものや、盆にちなむさまざまな行事がつづく。盆踊りもそのひとつである。

私の町では、天保年間から明治三十七、八年ころまで、『仁和伽（にわか）』というものがあった。これは木内部落の人たちや、新町や、愛宕町の若者たちが、簡単な屋台に太鼓をつけ、笛や三味線の囃子で町中を練って歩き、地主たちの門前の篝火をかこんで、踊って歩いたもので、踊りは主に「秋田音頭」であったが、なんでもよかった。

さてまた、その地口は、口から出まかせの世相や政治、さては町内の出来事の風刺や猥談、滑稽な文句がつぎからつぎと即興に出るのも、ひとつの楽しみであった。

　そして、その先達は、顔を墨などで「にごみ」（引用者注・濁みの意か）裃（かみしも）姿で、何々町内仁和伽、と書いた立札を持って、いっしょに歩かせられた。これはその町内に婿になって来たもので、仲間入りの条件のひとつだと言われた。

　この行事も、角間川が川港としての繁栄がだんだん下火になるにつれ、なんとはなしに船とともに消えた。

「にわか」として囃子の屋台と共に一行が町内を練り歩き、「秋田音頭」を踊って歩いていたというのである。

なお、現在の「角間川盆踊り」は、角間川の芸人として明治・大正・昭和と活躍した藤田正八（秋田音頭の名人であり、かつ芝居の一座も主宰し近隣をまわった）が、昭和になってから振り付けたものである。

　以上、土崎と久保田、及び雄物川水運で深く結ばれていた新屋・大曲・角間川の「秋田音頭」を見て来たが、ここには単にこの芸能がやられているというだけでなく、共通するものがあった。次章でそれを考察していきたい。

七 「俄」と秋田音頭

◆俄との類似

「俄(にわか)」というのは、江戸時代、大坂を中心に大流行した芸能だが、全国各地に郷土芸能として存続している。その「俄」関連の書籍を読んでいて、あっ！と思った。高知県室戸市佐喜浜の八幡神社祭礼で行なわれてきた「にわか」の明治時代の記録である（寺石正路『土佐古跡巡遊録』、明治三十六年刊）。似ているのである。現代文で意訳にする。

この八幡宮の祭礼に奇異の風俗がある。祭日には村の氏子たちは皆、重詰をもって社殿に集まり、そこで互いに盃を交わし飲食をする。そして神輿が村の中を行き、所々に止まると、若者たちがおどり出て芝居を演ずる。その題目は、みな村中の新しい出来事で、たとえば村長で高慢な人がいればその高慢な態度を演じ、あるいは品物を高値で売る店があればそのけちんぼぶりを真似て、絶妙な滑稽さに観客はみな抱腹絶倒する。村民はその行ないをこの祭礼の芝居で演じられることを恥とし、素行を改めるので教育的な効果もある。これは「一種の新聞的制裁」の力を持っているというべきである。(40)

この社会的ありようは秋田音頭と同じではないか。大曲の盆踊りでは、「丁内に起ったニュースや、井戸端会議の材料になるような人物を地口にして唄い、町の人々はドッと笑った。それは一種の社会制裁の役目をもつとめていた」。秋田市でも、「田上のおんつぁんが声を張り上げる新作地口は町内に起こった事がらや町の風聞の諷刺で、黒山のように集まった観衆は皆、顎を解いたものだった」し、「亀ちゃは常に新しい歌詞と演技を街頭で公開したが、その大胆な風刺は、新聞制裁より強力な反響があった」。

これらは、それぞれ自然発生的に生じ、たまたま同じような形式で創作し、同じような機能を持った、ということではあるまい。

また、角間川の「仁和伽」の若者たちが屋台に太鼓をつけ、町中を練って歩き、要所要所で踊ったあり方、及び秋田市の亀ちゃらの一団が囃子方の屋台を伴い、所望の声がかかればその場で上演するというのは、「流しにわか」ではないだろうか。

「流しにわか」の代表的な例は、岐阜県美濃市の八幡神社春祭りで行なわれるもので、その名も「美濃流しにわか」。これは旧美濃町の十三町の若衆を中心とする町組の出しもので、笛・小太鼓等の囃子方と役者の一団が「俄車」を引いて町中を流し、所定の辻々で行なう。その「俄車」とは、大八車、あるいはリヤカーに大きな松の枝を一本飾り、それに提灯等をつけ、更に太鼓を載せたもの。所定の場所に着くと、拍子木を鳴らし、口上を述べ、上演開始。(41)

このように同じ形式である。

だが、それらと秋田音頭はしかし、大きな違いがあるのも事実である。というのは、室戸市佐喜浜の「にわか」も岐阜県美濃市の「流しにわか」も上演内容は寸劇であり、何人かの登場人物が台詞のやり取りをして、「落ち」が最後にあるというもの。対して秋田音頭は歌と踊りである。

「俄」は台詞による滑稽な寸劇、というのが基本的な概念である。『広辞苑』で「俄」を引いても、「俄狂言の略。素人が座敷・街頭で行なった即興の滑稽寸劇で、のちに寄席などで興行されたもの。もと京の島原で始まり江戸吉原にも移された。明治以後、改良俄・

新聞俄・大阪俄といわれたものから喜劇劇団が生まれた。地方では博多俄が名高い。茶番狂言。仁輪加。」とある。

だが、これだけ共通点がありながら、秋田音頭が「俄」と無関係だとはどうしても思えない。「俄」はいったいどのような芸能なのか、俄の歴史と全国の現況を見ていきたい。

◆俄の歴史と大坂

「俄」と呼ばれる民衆芸能は、江戸時代の中期から明治にかけて、京都・大坂・江戸吉原・博多などで盛んに行なわれていた。[42]「俄」とは、「にわかに思いついたことを仕出かし、意表をついて楽しませる滑稽・諷刺・洒落・頓智の芸能行為である」という。

こうした即興的な滑稽は、神話の天鈿女命（あまのうずめのみこと）が天の岩戸の前で踊ったありようにも見られ、また、平安時代の「さるごうわざ」等もそうであり、芸能史の中に脈々と息づいているが、殊に中世から近世にかけて、祭礼の際の「風流（ふりゅう）」で盛んになる（仮装の行列など）。

この風流の趣向が特に遊里に持ち込まれ、「俄」が生じた。京の島原では元禄以前から住吉祭りの練り物に出、江戸吉原でも享保頃には九郎助稲荷の祭礼に催された。やがてその中から様々な「俄」が出てくる。遊び人が集まって、いろいろの景物を出し合っては、その見立てで頓智を競う「俄」もあれば、浄瑠璃や歌舞伎芝居をもじった「座敷俄」も行なわれる。

吉原では、行事の一つとして遊女が演じる華麗な「にわか」の他、幇間（ほうかん）が座興として演ずる、洒落や頓智をふんだんに織り交ぜ、最後に落ちで終わる芸が「にわか」であり、それらの芸を素人が行なうと「茶番」と呼ばれた。

吉原では「にわか」は遊里に限られていたが、それら滑稽な芸そのものは、江戸でも大坂でも市中で流行していく。素人の面々が嬉々として、屋内・屋外を問わず、一人で、あるいは数人で行ない、「俄」の種類も多くなり、かつ複雑化していった。江戸では室内で行なわれる芝居がかりの「茶番狂言」が盛んになった。

寛政以後（一七八九年〜）になると、大坂ではこれを職業とする者が出現した。それまで夏祭りに付きものの季節の風物詩であった俄が、年中いつでもやられるようになる。彼らは幕末には劇場に進出し、俄席が誕生した。何人もの出演で芝居のパロディを演ずるのである。中には、江戸に下って寄席に出る者もいた。弘化年間（一八四四〜四七）、江戸・日本橋駿河町の寄席で「道中膝栗毛」の続き物を演じて大好評を博したという。

明治になると、大阪俄は文明開化のあおりを食らい、一時衰退するがやがて盛り返し、群雄割拠。日清戦争の際はそれを取材して戦意をかきたて人気を得たり、新聞記事をもとに俄化したり、従来の俄の型から脱した芸を追求したりと多くの芸人が活躍したが、明治三十七年以後は大阪俄は衰退してしまう。

だが、間もなく曾我廼家（そがのや）五郎、十郎の「改良二〇加（にわか）」が登場し、そこから「新喜劇」が誕生する。大正・昭和の大阪喜劇の名優たちは、渋谷天外・花菱アチャコ・藤山寛美に至るまですべて大阪俄を母体として生まれ、彼らが日本の喜劇を牽引していったのである。現在の松竹新喜劇や吉本新喜劇等はこれらを土台にしていることは言うまでもない。

大阪俄の現在は、落語の二代目・露の五郎（二〇〇九年没）が大阪仁輪加の数少ない伝承者の一人だったこともあり、露の五郎一門が保存を標榜している。

なお、俄は一般に「俄」と表記されることはなく様々な字が使われ、その理由は諸説あるが、「仁和歌」「仁和加」「仁輪加」「二輪嘉」「二〇加」等の書き方は、和・輪の心意を表わすものという。また「二羽嘉」という字は、享保・元文（一七一八～四〇）の頃、堺の通人・二羽屋嘉惣治が始めたからという由来を持つ。

ちなみに、二羽屋嘉惣治は半面かつらを顔につけて祇園祭りで一口俄を演じて人気を博したという。大坂ではこの半面かつらを用いて活躍した芸人もいた。半面かつらの伝統は現在、大阪にはなく、それを伝えているのは「博多にわか」と、わが「秋田万歳」だけである。

◆博多にわかと九州のにわか

大阪の次に俄が盛んだったのは九州だった。九州では今でも「博多にわか」「佐賀にわか」「肥後にわか」等がある。いずれもコント風な寸劇が基本で、だじゃれの「落ち」がつく。

博多では、お祭り好きが多く、新年を祝う儀式である「松囃子」でも早くから仮装行列や華やかな踊りで底抜けの騒ぎをしていたが、さらに夏の盆でも人ごみの中で即興的な雑芸をする者たちが現われ、これを宝暦の頃（一七五一〜六三）から「仁和加」と呼ぶようになった。

このにわかが、経済的繁栄とあいまって、文化文政にかけてますます盛んになる。歌舞伎も上方や江戸から下って来て、博多の芝居熱は増していく。見るだけでなく、自分で台詞を言い、しぐさを真似る。それが「にわか」となる。

天保時代になると、滑稽な扮装とおどけた仕草は同じだが、鼻から上の顔半分を紙でつくった「半面（目かずら）」をつけるようになる。半面は素顔を隠すので、言葉による諷刺と皮肉が大胆になっていく。

盆の時期、商店の店先に縁台を二つ三つ並べてその上に立ち、「にわかじゃ思い出した」と言って人々の注意をひき、寸劇をはじめる。その内容も、いばりくさった侍たち――家老をはじめ町奉行・役人の勤務ぶりや、御上や藩の政策（財政ひっぱくの折、「あれをやってはいかん、これをやってはいかん」と時代に合わぬ禁制を頻繁に出していた）の批判をする。幕末に演じられた「野口どんのそば畑」というにわかは、黒田藩の侍・野口某が酒に酔っぱらい、一晩中、田んぼの中をさまよった件を仕組んだもので、大評判になったという。

彼らは集まった町人から拍手喝采を受け、終わればまた次のところへ移動して、博多の街をまわっていった。

明治になってもにわかを演じるのは商店主や職人たちで、時期も盆に限られていたが、一年がかりの準備で三味線・太鼓等のお囃子や背景・引幕等を備え、辻々の掛け舞台を会場に街をまわり、素人にわかの黄金期を築いていった。

明治の末から大正になると、職業にわか師達が誕生し、芝居小屋に進出。盆にわかはなくなり、にわかは年中、見られるものになっていく。大正の初めには「市政刷新仁和加大会」が開催され、何組もの競演で、市政を諷刺、諧謔、批判、攻撃し、博多にわかの真髄を表わすものとして話題になったという。

昭和になっても、ラジオ番組の連続放送になるなど、にわかは人気を誇ったが、戦後になるとにわか師は激減。細々と命脈を保つ状態になり、現在は「一口にわか」として伝承されている。

なお、明治二十年代、鋭い社会風刺と政治批判の「オッペケペー節」で一世を風靡し、「書生仁和加」「壮士芝居」を上演して「新派劇」の祖となった川上音二郎は博多の出身である。彼の父は家業そっちのけでにわかに熱中し、身代をつぶしたほどの人。音二郎にもその血が流れていたのは確かであろう。

＊

肥後にわかは、熊本弁でまくしたてる俄である。

肥後俄の歴史は明治中期以前のことは不明で、おそらく日清戦争の勝利で盛り上がった博多にわかの影響を受けて誕生したであろうとされている。旦那衆の素人俄は、日露戦争の後から昭和初年の頃までが最盛期。戦後はプロの劇団（ばってん劇団）が誕生し、ラジオの公開録音等で大人気を得たが、やがてテレビに押され下火に。それでも現在は三劇団が活動。世話物の人情話風の作品を上演している。

＊

佐賀俄は、文化文政期に、博多にわか等の模倣で始まったと見られている。(43) 商人町・伊万里の神社祭礼記録には文政十三（一八三〇）年「狂言俄」の文字が現われている。しかし天保六（一八三五）年に藩から勤倹節約令が出されて中止。以降、しばらく姿を消し、明治になってから復活した。

佐賀俄を中興したのは、舞踊の名手でもあった煮豆卸業の田代熊一で、大正の末、「俄組」を結成し、祭礼や納涼会に出演の他、ラジオに出たり、税務署の依頼で納税宣伝の俄を作ったりと大活躍した。昭和十四年に熊一が亡くなった時は、俄師一同が集まり、追善俄大会が開かれた。戦時中、俄は戦意高揚の作品が要求された。

戦後は荒廃した県民の心を取り戻すべく、いち早く活動再開。昭和二十一（一九四六）年に旗上げされた「筑紫美主子（ちくしみすこ）一座」は旅興行を続け、二〇〇二年まで存続した。

博多にわかは半面をつけ、時代や社会風刺など、一口俄が多いが、佐賀俄は世間人情話が主で、時代を風刺するような社会性は少ないという。

＊

九州各地では、以上のような職業にわかの他、民俗芸能のにわかも多く分布している。それらを大きく分ければ、

①方言による台詞劇（最後に落ちがつく）

本田仁○加（福岡県八女市黒木町）・高森のにわか（熊本県阿蘇郡高森町）・伊倉にわか（同県玉名市伊倉）・牛津仁○加（佐賀県小城郡牛津町）・にわか（長崎県松浦郡新上五島町有川の海童神社祭礼で）等。

これらはにわかが単独で上演されるが、以下のように民俗芸能の中に組み込まれているものもある。

・田結浮立（たゆふりゅう）（長崎県諫早市飯盛町）：垣踊り・蛇踊り・浮立・池下踊り・にわか

・天衝舞浮立（てんつくまいふりゅう）（佐賀県佐賀市富士町市川）：天衝舞（月と太陽と雲龍を描いた直径一メートル余りの紙張りの前立てを頭にかぶり、太鼓を打ちつつ舞う）・棒術・奴踊り・にわか

②それ以外の芸能

・甘木盆俄（福岡県朝倉市甘木）「俄」という名称だが実際は「歌舞伎」である。

・西高田のにわか（長崎県西彼杵郡長与町西高田）「人形からい」と呼ばれるもので、わら人形に着物を着せて胸と背中にくりつけ、本人はおぶわれている赤子に扮し、滑稽な

演技を見せる。

以上、何と言っても九州は「にわか」といえば、台詞による劇が圧倒的に優勢である。では、全国的にはどうだろうか。

◆全国各地のにわか

「にわか学会」（一九九五年に各地の保存会や継承者を柱に結成）の調査によると、全国のにわかは、二〇〇一年時点で、十五府県三十一地域を数える（佐藤恵里『歌舞伎・俄研究』）。この調査を頼りにその実態を調べていけば、おおよそ以下のような内容である。

①方言による台詞劇（最後に落ちがつく）

・おめつき（宮城県石巻市雄勝町名振）

「丁印し」と呼ばれる飾り物を先頭に「山車」が町中を勇壮に練り歩き、四ヵ所で「おめつき」という時の社会問題等を題材にした滑稽な即興劇を上演。「おめつき」とは「思いつき」。男性器を象った大きな木製像を用い、笑いを誘うが、そこには大漁・子孫繁栄の願いがこめられている。(44)

・美濃流しにわか（岐阜県美濃市）

春の美濃祭りの夜に、各町内の若者が各町の決まった場所で上演。現在は世相を風刺したものが殆どだが、昭和二、三十年代までは歌舞伎や大衆演劇のパロディが中心だった。「流しにわか」の形態をよく残している。

・高浜のにわか（福井県遠敷郡高浜町）

「高浜七年祭」の七日間の祭りのうち、一日だけ各若連中が、その年に社会で起こった出来事を諷刺する寸劇「にわか」を上演。

・南河内のだんじりにわか（大阪府の南河内地方）

だんじり（地車）の前部に舞台が設けられており、各地区の青年団等が宮入り等の際に寸劇（河内にわか）を奉納上演する。

・甲山にわか（広島県世羅郡世羅町甲山）

「廿日えびす祭り」の夜、だんじり行進の際、各所で車を止め、その前の路上に引き綱を広げて舞台を作り、にわかを上演。最後のオチの後、「にわかじゃわいのう」と囃し立てる。「にわかコンクール」も実施。

・朝倉にわか獅子（愛媛県今治市朝倉）

矢矧神社祭礼の神社の境内で、ムカデ獅子・継獅子に続く、野外でのにわか上演だが、獅子の油単（胴幕）が幕代わりになり、役者は油単から登場する。「身代り地蔵」「医者と坊主」「白井権八」など話の大筋は決まっているが、演じ手は毎回脚色をし、即興的な風刺をきかせていく。最後はまた獅子の油単の中に退場。

・佐喜浜にわか（高知県室戸市佐喜浜）

佐喜浜八幡宮の大祭で若者たちが演じてきたが、近年は小学校と中学校の児童生徒も演ずるようになり、小学生は町内の小さな祭りや市民祭でも披露している。

②それ以外の芸能

・うなごうじ祭のにわか（愛知県豊川市牛久保町）

牛久保八幡神社の祭りで、行列の中心となる「やんよう神」が、笹踊りの囃子にのって所かまわず路上にウジのように寝転がる様から「うなごうじ（尾長蛆）祭」と呼ばれる。この祭りの中で行なわれる「にわか」は、仮装した青年たちのパフォーマンスで、流行の曲でダンスを踊る。

・勝山にわか（福井県勝山市）

祝宴等の座敷遊びで、演者はハッピ・ねじり鉢巻き・ステテコ姿で踊りながら登場。

三味線・太鼓の囃子に合わせ、その場にある物を用いて洒落で口上を述べ、最後に落ちをつける。

・鵜川にわか祭（石川県鳳珠郡能登町鵜川）

漁師町・鵜川の祭りで、「にわか」と呼ばれる高さ七メートル、幅五、四メートルの、武者絵が描かれた袖キリコ（切子灯籠）が九基出て、太鼓や鉦に囃され、町を練り歩き、境内で威勢よく練り回る。

・獅子舞のにわか（同県鹿島郡能登島町）

町内八つの神社の秋祭りに境内や民家で行なわれ、豊年踊り（三番叟）・獅子舞に次いで「にわか踊り」が踊られる。演目は「両太刀」「四方天但馬守と加藤清正」「志賀団七の仇討ち」「塙団右衛門と岩見重太郎」等々九つあり、いずれも役に扮装し、打ち合いが中心。小中学生と青年団員が演ずる。

・三ッ屋野のにわか（同県石川郡鳥越村三ッ屋野）

八幡神社の秋祭りに「にわか」が出現。このにわかは、非常に醜い赤面をつけ、身にはボロ切れをまとい、竹の棒に二升樽をかついだ異形の風体で、集落内を走り回り、最後に神社に参拝する。豊年には女装のにわかも繰り出す。いずれも二十歳前後の屈強な若者が担当。祭りでは獅子舞も演ぜられ、それに付随して世相を諷刺した寸劇が行なわれることがある。

・黒河夜高祭（富山県射水市黒河）

「夜高祭」は、五穀豊穣と無病息災を願って行なわれる夜高行燈を曳き、或いは掲げて地区内をまわる祭りで、富山県では砺波・南砺・小矢部地方に分布。地元では「ヨータカ」と呼ばれる。黒河では子どもたちが自作の小さな夜高行燈を掲げ、「チョーサイタニワカ、ゴモンサイタニワカ、三文酒に酔うた、酔うた」と囃しながら行進する。小型の提灯山車もこれに随行。

・備中神楽のにわか狂言（岡山県備中地方）

備中神楽は岡山県西部を中心に、荒神信仰を基にして行なわれている神楽で、最後は布や蛇綱による神がかり等の古形を保つ。しかし神事の厳めしさだけでなく、「適当に道化も出、即興的な、時局を諷刺した入言葉も随所にあり、まことに饒舌にして雄弁、人々をよく笑わしむる驚くべき才智の神楽」（本田安次）でもある。(45)　太鼓叩きと演者が随所にユーモラスな掛け合いをするが、特に「大蛇退治」に登場の酒造りの神・松尾明神と太鼓叩きは当意即妙に時事問題など頓狂な掛け合いをたっぷり演じる。

＊

以上が「にわか学会」の一覧表にあったものだが、それ以外に筆者が知り得たものをいくつか挙げる。

・とちお祭りの仁和賀（にわか）行進（新潟県長岡市栃尾町）

毎年八月に開催される町民総ぐるみの「とちお祭り」、その中で行なわれる「仁和賀行進」は、町内毎に時代を反映し趣向をこらした山車や踊り、仮装のパフォーマンスなどで市街をめぐる催しだった。平成二十八年から「コスプレカーニバル」に発展解消。

・長岡まつりの仁和賀パレード（同県長岡市）

八月の「長岡まつり」は約千五百人が犠牲となった長岡空襲の翌年、慰霊と戦災復興の願いをこめて実施された「長岡復興祭」が起源。その中で行なわれる「仁和賀パレード」は、装飾した山車の一種としてトラックを華やかに飾り付けて市内を運行。現在は十台前後だが、盛時には企業や町内会から三十台のトラックが繰り出した。

・ぎおん柏崎まつりのたる仁和賀（同県柏崎市）

この祭りは一九五〇年に八坂神社の祇園祭と柏崎の商工祭が一緒になって誕生。「たる仁和賀」は、神輿を飾る「にわか」であり、当日は本神輿の他、酒樽を何個も積み上げた神輿や、キャラクター神輿など創作神輿が多数繰り出し、熱気に包まれる。子どもたちも毎年、趣向をこらした子ども神輿を出す。

・播州仁輪加太鼓（兵庫県高砂市荒井）

荒井神社の秋祭りで、造りものの太鼓台を青年たちがかつぎ、それとは別に役者の乗る舞台も共に運行し、毎年異なる演目（例「刃傷松の廊下」「高杉晋作」等々）で、太鼓・舞台上の舞い子・担ぎ手・三味線による歌がかけあいで寸劇（舞踊劇）を上演していく。

◆にわか踊り

全国の「にわか」の概況を見て来た。一口に「にわか」と言っても、台詞による滑稽劇だけでなく、踊りもあれば、歌舞伎及びそのパロディあり、仮装しての行列と踊りあり、創作神輿あり、お座敷での見立て遊びがあり、実に多様であることがわかる。「にわか」が劇仕立てのものに発展する以前は、もっと混沌とした時代があったのではないかと推測される。

と、江戸時代後期に「にわか踊り」というものが流行していた記事を見つけた。文化

十二、三（一八一五、六）年頃の「諸国風俗問状答」のうち、「備後国福山領」と「阿波国」である。(46) 前者は今の広島県東部の福山市あたり。現代文で概要を記す。

踊りは七月十三日の夜から始め、十五夜、十六夜までするが、稀にはこの月中、思いつき次第にここかしこで催す。たいていは寺院、あるいは大家の庭に涼み台を出し、音頭取りがその上に立ち、扇をかざしてうたえば、人々は数珠のように輪になって踊る。剃髪の者は鬘をつけ、老いたる者は若く扮装し、女は男の真似など、いろいろの風にする。太鼓は二人がかついで打つ。きそん踊りは昔、その後、まぬけ踊りが出た。くどき（お染め久松など）は三弦・尺八なども用いる。また、扇踊り・四つ拍子というのは伊勢音頭に合わせて踊る。安永（引用者注・一七七二〜八〇年）の頃からは新しい踊りが次々に流行り、自然に以前のものは踊られなくなった。

五、六十年前は、「にわか」と言って、三、四人で俄に仕組んだ芸があり、「所望」と声をかければ、その場で上演することが大いに流行った。（傍線引用者）これも次第にやられなくなった。ただ、娘を持っている親は前々から準備して美しく装わせ、囃子・俄芸等の稽古までさせている。

盆中は、各家々は店先で酒宴をしており、知らぬ人が来ても飲食のもてなしをするので、踊りの手振りを知らない人も、人々にまじって騒ぎ歩いている。（後略）

文化十二年の六十年前は宝暦五（一七五五）年、五十年前といえば明和二（一七六五）年。宝暦から明和にかけて、にわかが大流行したというのである。

次に「阿波国風俗問状答」の七月の「盆踊りの事」を見る。言うまでもなく徳島県の阿波踊りの、当時の様子である。

盆三夜の踊りは、十五歳以下の者はやらない。十四日は夜とともに市中取り引きで踊りはなく、十五日と十六日は家ごとに簾をかけ、暮れ方から踊りが始まり、両夜とも未明まで大勢が集まってやる。

「俄」は、それぞれ俄と朱で書いた手燭を持って、所望すればその門先に莚をしかせて始める。七、八人から十四、五人が組になり、浄瑠璃の音楽で衣装は華やか、難波役者の物まねをまぜ、短くやる。また、派手な浴衣などで門先に立ち、ちょっとした声色・身振りでの独り俄もある。

音頭は二人組みで、長い竹の上にさくら組とか松組という印をつけた日傘をさして行く。そして望まれた所で音頭を始める。文句は浄瑠璃崩しに作り、節は都々逸に似ている。

踊り子はそれぞれ、思い入れ華やかないでたちで、ここかしこでぞめき申す（浮かれ騒ぐ）。この音頭を始めているところに五人七人という踊りが出会えば、それが重なり五十人とか百人の踊りとなる。音頭も次々に来て、替わってうたっていく。

文化年間、阿波では「俄踊り」が、それも大勢の仕組み踊りから、単独の芸までが流行っていたことがわかる。また「音頭」というのは傘を目印にして歌われているので「伊勢音頭」だろうか。それらが時にぶつかり合い、合流し、大群舞となって一晩中、踊りが続いていたのである。

＊

博多にわかの研究者・井上精三は、博多にわかの歴史を五段階に分けている。

第一期　創成記（江戸の中頃から明治の初期にかけての幼稚な時期）

第二期　素人にわか時代（明治初期から大正初めまでの、にわかがやや演劇的となり、素人によ

る演技が大歓迎を受けた時。博多にわかの黄金時代）
第三期　職業にわか時代（大正の初めから昭和初期。職業にわか師の活躍した時代）
第四期　凋落期（昭和の初めから太平洋戦争終了まで。民衆の趣味の変遷、戦争などにより、にわかが影を薄くしていった時代）
第五期　一口にわか時代（劇にわかがなくなり、一口にわかの流行を見る戦後）

「にわか」には歴史的な変遷・盛衰のあることがよくわかる。そして、江戸時代は、博多にわかを含め、即興的仮装、曳きもの、芝居、踊りなどすべてを「俄踊」の名で呼んでいたという。(47)

芸能研究家・郡司正勝は、「おそらく、明和から天明にかけて、都会の俄の全盛期があったようだ」と述べている。(48)

その明和から天明の頃、都会の流行が秋田にももたらされ、花柳界の座敷で俄に踊りを踊ることが流行っていたのなら、富木友治が推測していたように、そこで藤八拳の遊びから「秋田音頭」の地口と踊りが生まれた可能性は大いにあるのではなかろうか。

秋田弁を活かせる非常に独創的なその芸能は、花柳界・武士・町人を問わず大人気になっていき、やがて藩内各地へ伝播していった。

秋田音頭を博多にわかのように段階に分けることは殆ど不可能に思えるが、それでも「第一期 創成期」は江戸時代中期から後期と見ていいのではないだろうか（先に述べたように、天保八年の段階でこの歌は、半分以上、上方など他地方の流行り歌の詞をかなり借用していた）。

秋田で生まれた秋田音頭は、更に「流しにわか」の形式を取り入れる。「流しにわか」とは、「俄の達者な連中が始めたもので、提灯ににわかの文字を表わして持ち歩き、「所望、所望」と要求されれば、その家の前で俄を演じる」もの。大坂では文化の頃から起こったという。(49) これは角間川の盆踊りでやられていたし、明治期の亀ちゃ等が市街をまわり、路上で演じていたのも該当する。

また、社会への鋭い諷刺や、歌舞伎芝居の一場面を芸能に取り入れることなど、創成期に限らず、随時、秋田音頭はにわかの要素を取り入れて成長していったと思われる。それはどのようにして可能だったのだろうか。

八　上方の「俄」と秋田音頭

◆上方文化と秋田を結ぶもの

江戸後期、「俄」の流行は、どのようなルートで秋田へもたらされたのだろうか。先の「にわか学会」調査による現在の「にわか」伝承の三十一地域を再度見ていく。これを地域別にすると、

・東北　一カ所（宮城県石巻市雄勝町のみ）
・東海中部　二カ所（愛知県豊川市と岐阜県美濃市）
・北陸　八カ所（福井県四ヵ所、石川県三ヵ所、富山県一ヵ所）
・大阪　二カ所
・中国　二カ所（広島県甲山町と岡山県備中地方）
・四国　二カ所（愛媛県朝倉村と高知県室戸市佐喜浜町）

・九州　　十四カ所（福岡県三ヵ所、佐賀県三ヵ所、長崎県四ヵ所、熊本県四ヵ所）

一目瞭然、圧倒的に西日本が多い。特に東日本は宮城県の一ヵ所だけである。勿論、悉皆調査ではないので抜け落ちているところや、かつては存在したが廃れてしまったところも数多いだろう。だが、おおよその傾向はこれで知れよう。

これら三十一のうち、「にわか」導入の経緯がある程度わかっているのは以下の団体である。

・佐喜浜のにわか（高知県室戸市）　ここには江戸中期の俄台本があるが、佐喜浜は大坂に近い町なので木材や炭の産出地として大坂と交流があり、上方の文化が入り込んだという説が有力。町の豪商「井筒屋」は祭りで歌舞伎の催しを開催しているので、彼の存在・功績が大きかったという説もある。(50)

・美濃流しにわか（岐阜県美濃市）　これが美濃に入ったのは江戸末期、万延・元治（一八六〇〜六五年）の頃、和紙商人・篠田和兵衛が商用で大坂に出かけた折、当時盛んだった「にわか」を見たのがきっかけと言われる。彼は美濃に戻ってから宴席で座興に「にわか」を披露し、これが町内に伝わり、やがて旧美濃町十六町に広がり、若衆連が演じるようになり祭りの定番となった。(51)

（引用者注：大坂では、寛政・文化の頃（一七八九〜一八一七年）には夏祭り以外の日待・月待の酒宴でも演じられるようになり、寛政前後から専門の俄師が出て、寄席や小屋掛けでの興行化が始まっていたが、並行して庶民の間では素人の「流しにわか」「辻にわか」がやられていたことが察せられる）

・獅子舞のにわか（石川県能登島町）　能登島では獅子舞の後に行なわれる「にわか踊り」は、向田の伊夜比咩（いやひめ）神社十六代の神主・岡本連吉（明治十六年、六十歳で没）が考案し、若者たちに稽古をつけたといわれる。彼は文武に秀でていただけでなく、謡曲・尺八・笛・三味線をよくし、京阪をはじめ諸国を歩いて見聞を広めた文化人であり、当時流行の歌舞伎を脚色してにわかに仕組んだのであろうとされる。(52)

・肥後にわか（熊本県）と佐賀にわか（佐賀県）　肥後にわかは、明治中期以前のことは不明で、江戸時代に俄踊りがあったという伝承もないので、おそらく、日清戦争の勝利で興隆の機運にあった博多にわかの影響によって誕生したものであろうという。また、佐賀では文化文政に俄の文字が文献に出てくるが、これは博多の模倣をして始まったと見られている。(53)

以上のことから考察すれば、にわかの流行は自然に広がっていったのではなく、実際にその芸能を見た人が自分の地域に取り入れることで伝播するという、極めて主体的な行為があって初めて成り立ったことだと思えるのだが、どうだろうか。

＊

さらに、秋田音頭に折々、上方の「にわか」が刺激を与えたとすれば、どういうルートが考えられるだろうか。いくつかの角度から検討していきたい。

①まず、近年、その存在が改めて脚光を浴びている北前船はどうだろうか。

北前船は年間、何百艘も土崎港へ入っていた。それ以外の地廻りの船を含めて年間六百艘余と言われている。北前船は物資だけでなく文化も各地にもたらしたが、その代表が民謡であることはよく知られている。船乗りたちはどのようにして歌を伝播したのか。それは次のような次第である。

船が港に入ると一同（注・乗組員は十人から十五、六人）下船して、定宿に入り、その歓待で酒宴を開き、座持ちに出た女を相手に、唄などをうたって旅の憂さを慰めたもので、要するに舟子の生活には酒と女と唄は無くてはならないものであった。こうして「ハイヤ節」や「出雲節」や「にかた節」や、また「追分」や「庄内節」は、港から港へ運ば

れ、宣伝されていったので、もし、また海上が荒れると出船を延ばして幾日も滞在するようなこともあった。(54)

船乗りたちは、九州の港町で覚えた騒ぎ唄「はいや節」を次の港の酒宴でも、さらに次の港、次の港と航路の港々でうたい踊ったので、日本海沿岸の南から北まで同じ歌が伝播されていったわけである。更に、船乗りたちが唄に関心を持っていたのには、大きな理由があった。「それは舵取り役の仕事を命じられた時は、(起きて舵を見張っている証しとして)眠っていないということを船内に知らせるために、唄を唄っていることが義務付けられていた。そのため、港々で、珍しい唄があればすぐに覚え、舵取りの折、口ずさんでいた。」(竹内勉)(55)

つまり、北前船は、歌の船でもあったらしい。

しかし、彼らは歌はもたらしたが、それ以外の芸能はどうだったか。秋田の男衆に大坂で俄という芸能が流行っており、それがどんなに魅力的なものかを話し、それで男衆がやる気になり始まったなどということがあり得ようか。限りなく零に近いのではないかと思う。

②同様に、旅芸人、あるいは、土崎に来ていた諸国の商人から話を聞き、それで始まったという線も考えられない。伝聞では無理だろう。
③唯一可能性があるのは、秋田の人が実際に自分の目で見て「これはいいぞ、面白い！おらの町（村）でもやってみよう！」と思った場合だと思う。それも、地域に影響力のある実力者に限る。東北では殆ど「にわか」がやられていた形跡がないので、目にしたのは大坂であろう。

では、秋田の人が大坂で目撃した可能性があるなら、それはどんな人たちだったのか。

〈その一〉

土崎では、「十一月末から十二月初めにかけて、問屋では用事がないのであるから、「秋のぼり」と言って、西海岸をつたって大坂方面まで番頭か手代か主人が旅行するのが常だった。木版刷のような「ハギ」になっている相場表を封筒に入れたものを五、六百枚背負って行くのだが、そのときは水盃で家を出た。その夜は新屋泊りであった。行く先々の取引をしている家へ行って、いくらかずつ金を借りるのだが、こうして翌る年の取引の道をつけるのであった。旅費として多く金を持って行かないのは、ひとつは、途中の泥棒を恐れたからであった。この「秋のぼり」は往復五十日もかかった。そして、行くさきさきに、

背負っている相場表をくばって来るというわけであった」。(56)

廻船問屋の数は寛文八（一六六八）年で二十軒、文政十一（一八四〇）年で十二軒。(57) 毎年、少なくとも十名以上の商人が大坂まで行っていたことになる。

〈その二〉

大坂には秋田の産物を商う問屋もおかれていた。正徳年間（一七一一～一五）の記録では、秋田材木問屋が二軒、秋田銅鉛問屋は六軒があった（材木問屋は後に一軒に減）。(58) その仕事で複数の秋田人が常駐していたのは確かだろう。

さらに、秋田藩は年貢米や特産物販売のため、近世初期から大坂に蔵屋敷を設置していた。その人数は江戸屋敷に比べて少ないとはいえ大坂勘定奉行以下十数名はおり、取り引きのある上方商人たち（五十名に及んだ）とのつきあいを重視していた。藩の勘定奉行で、文化十三（一八一六）年以来、天保九（一八三八）年まで五度にわたり大坂詰めを行なっていた介川東馬（すけがわとうま）は、抜群の交渉力を持つ上、詩文に長じる文化人であった。彼の日記には商人たちの接待で、しばしば歌舞伎見物をしたことも記されている。(59)

〈その三〉

それ以外にも、伊勢参宮の折に、一生に一度のことと足を延ばして、大坂・京都・奈良を見てまわり、時には四国・九州まで行く秋田からの旅人たちもいた。たとえば角間川の儒学者・落合東堤は、寛政十（一七九八）年一月十九日に出発し、伊勢参りをした後、大坂まで出て明石まで行って戻り、大坂・吉野・奈良を見て、京都に二ヵ月滞在し、江戸を経由して六月十一日に帰郷。五ヵ月の旅をしている。(60)

これらのうち、どんな人がと特定することはできない。ただ、言えるのは、秋田の人たちにとって、天下の台所・上方は親近感があり、訪れる機会もたびたびあった。それが「俄」の導入を自然なこととして受け入れる土壌であったのではないか。

さらに興味深いのは、「俄」の世間や時代を諷刺する性格は、先に見たように必ずしも「俄」全般に特有のものではなく、博多や佐喜浜など幾つかの地に限られていた。近世文学研究者で俄についても造詣の深い中村幸彦氏は、江戸時代に記された幾多の俄の書物から、その趣意と例証をひきあいに出し、「大阪俄の生命は、ボケである」と結論づけている（『中村幸彦著述集　第十巻』中央公論社、一九八三年）。氏が言うには、ぼけ、つまりとぼけた味こそが大阪俄の本領であり、それは藤山寛美の芸や、上方漫才の「ぼけ」と「つっこみ」につながっているとし、そこで論を終わらせている。

書物だけ見ればそうかもしれない。だが、氏の言う如く、「（俄の）多くは書かれざる文学として、何時の間にか消えてしまった」。そして、消えてしまったその中に、世間や時代を鋭く諷刺するものがあり、それらは文字にして出版されることはなかったのではないか。

幕末期、大坂俄のもう一つの生命であった諷刺・諧謔は、街頭で大勢の人たちを相手に哄笑させていたと思われる。たとえば、大坂町人の面目躍如たる、大塩の乱の後の「〽大坂天満の真中で　さかさ馬から落っこちた　あんな弱い武士見たことない」のような歌が、俄の場でもうたわれていたとしたら、どうだろうか。

秋田の人々はそれを非常に面白いものとして、自分たちの生活に取り入れ、秋田音頭に活かしていったのではないか。つまり、自由で進取の気風にあふれた鋭い感覚を持っていたのではないかと思われるのである（その点からいえば、のちに我が国初のプロレタリア文学雑誌「種蒔く人」を創刊し反戦平和を訴えるなど、秋田の中でも特に進取の風土にあった土崎の人等が、可能性として浮かび上がってくる）。

◆秋田音頭の歌詞

「秋田音頭」を手にし、さらにそこに随時、時代に敏感な「俄」の風を取り入れることで、秋田では武士も町人も農民も、笑いの中に自分の率直な思いを表現することができていった。

では、「当たり障りもあろうけれどもさっさと出しかける」から始まり、どのような歌詞を生み出していったかを幾つか見ていきたい。

（なお、秋田音頭の歌詞には①お国自慢（秋田の名所・名物の数々を詠み込んだもの）②社会や人の諷刺　③言葉遊びやナンセンスなもの　④艶笑譚というべきものや卑猥なもの等々があり、④に分類されるものが圧倒的に多いが、ここでは主に②を取り上げる）(61)

〽烏帽子直垂（ひたたれ）　立派に見せかけ　天神様のようだ、ソレソレ、嬶とねるときゃ　矢張あ
あして、立派でおしゃじべか

武士の最高級の礼装である烏帽子・直垂を身につけ、まるで天神様の菅原道真のようだ。

嬶と寝る時もあんなふうに立派にしているのだろうか。

立派な装束をつけ、偉ぶっている侍を笑い飛ばしている。幕末維新の頃につくられた歌だろうか。

〽戦争このかた禄高増すとて　今まで待ちたれど、ソレソレ、待ちようのわりせか（注・悪いせいか）、話ばかりでけっそりつめられた

戊辰戦争（一八六八年七月〜九月）で、奥羽諸藩の中で唯一、新政府を支持し、孤立した秋田藩は各藩からの激しい攻撃を受け、八月までは敗北の連続、苦戦を強いられた。九月に入り官軍の応援を得て勝利したが、戦死三百二十九人、負傷三百十六人、民家の焼失は四千七百戸に及んだ。しかも、その後、明治新政府から少しも優遇されることなく、禄高の増加を期待していた武士たちは、加増どころか、下級武士の多くは旧来の特権も奪われ、生活に困窮するようになった。この地口には彼らの不平不満がこめられていよう。

〽つめるもつめたし　能く（よ）もつめたし、人々大くどき、ソレソレ、科（とが）なき頭の髪までつ

められ、そっくりいが頭

権利はどんどん剥奪され、人々は大いに愚痴を言う。その上、罪なき頭の髪まで切られ、いがぐり頭同然。文明開化の象徴として当時流行ったザンギリ頭を諷刺している。

〽向こう行く旦那さん襠高袴（まちだかばかま）で、米町かけの馬、ソレソレ、長州征伐水戸にえげたば（注・行けと言ったら）家さめて泣きやァがった

向こうの米町を馬乗り袴で馬に乗り颯爽と駈けて行く旦那さんは、長州征伐（注・尊王攘夷を掲げて過激な討幕運動をしていた長州藩を征伐しようと、幕府が出兵した元治元（一八六四）年と慶応二（一八六六）年の戦さ）の際、水戸（水戸浪士が暴れていた）へ行けと命じられ、怖いと、家に来て泣きやがった。

いくら立派にしてたって、その時のことが忘れられない。

米町は、幕末から料理屋兼遊郭が自然に増え、維新後は花街の全盛時代となったという地域である。(62)

〽南部の殿様　小僧返りなをして　奥様女郎返りだ、返り返りだらけで　百姓は蜻蛉(とぼ)返り　誠に大さわぎ

隣の南部藩では殿様は小僧に逆戻りし（退行し）、百姓はトンボ返りし（嘉永六年の南部三閉伊一揆で、人々が仙台領に越訴をし、戻って来たことを指しているのか？）、誠に大騒ぎだ。

〽幾世泰平つづけば今日ぞ　およそ二百年、アメリカ人まで吉原通いでホンに泰平じゃ

黒船来航で日本は大騒ぎだったが、やって来たアメリカ人も同じ人間、江戸の吉原に通っているそうな、まことに天下泰平じゃないか。

〽土崎港にアメリカ来たたて　さっぱり恐(おかな)くない、茜の腰巻はづして引ぱれば、目じりが皆下がる

土崎港に黒船が入って来たとしても、全然怖くない。茜色の腰巻をはずして引っ張れば、アメリカ人も皆、相好を崩す。

〽天徳寺のお長老さんな　お医者のふりして　やばせで女郎買てだ、水晶の数珠に末香の香するお医者を　見たことない

天徳寺は、秋田藩主・佐竹宗家の菩提を弔う曹洞宗の大寺院。長老は和尚の中でも最も位の高い人だが、医者のふりをして八橋で女郎を買っていた。末香くさい水晶の数珠を持ってる医者なんて、見たことがない。

八橋は、城下の郊外の八橋村。現在は官公庁街だが、江戸時代は多くの茶店・芝居小屋で賑わう久保田の有楽地で、大勢の私娼がいたという。

〽マカロフ沈没　ステセル降伏　今度はクロパトキン、東北男児に羽根ぶし折られてハルビンでテテッポポ

マカロフは勇敢で有能なロシア海軍提督だったが、日本軍の機雷で軍艦が沈没し戦死。乃木大将の好敵手と言われた軍人ステセルも旅順攻撃の後、連戦連敗で降伏。陸軍大臣クロパトキンも敗北。中国・黒竜江省ハルビンで戦闘は終了した。東北男児に羽根を折られて、ロシアは鳩のように啼いている。

日露戦争後、大いに流行った。秋田市の元士族・関嘉吉の作という。

〽鉱山やま師と材木山師の話を聞いたれば、一人はラッパ吹く一人は法螺吹く、聞く人泡を吹く

とかく山師は話がバカに大きく、大法螺をふく者。鉱山やま師と材木やま師の会話を聞いていると、開いた口がふさがらない。

〽向こう行く旦那さん、ああ見(め)るからには余程(よっぽど)金ァかかた、肩から裾まで膏薬だらけで麝香(じゃこう)のにおいする

これは秋田市での歌。成金の旦那を諷刺しているのかもしれない。が、羽後町西馬音内では「旦那さん」が「姉さん」になり、「向こう行く姉さんああなるからにはよっぽど金かかた、上から下まで膏薬だらけで麝香のにおいする」と歌われている。どちらにしても、何とも言えないおかし味が漂う。

〽貧乏というものァあさましものだよ　夜討ちの忠臣蔵、朝食うて伴内（晩無い）　米（こめ）櫃（びつ）ァお軽で　からだは由良之助

貧乏というのは情けないものだよ　まるで夜討ちの忠臣蔵。朝食って晩はない（伴内）、米櫃は軽くて（おかる）、体はゆらゆら由良之助。

「仮名手本忠臣蔵」の伴内→鷺坂伴内は高師直の家来で、おかるに横恋慕。おかる→塩冶判官の正室・顔世御前に仕える腰元で、早の勘平と恋人同士。由良之助（大石内蔵助）は塩冶判官の家老で、忠臣蔵の主人公。

忠臣蔵の登場人物の名前と重ね合わせて、空腹の状況を表現。

〽あの税この税　役場の税とて　息つくひまもない、あるものブチ売て酒買ってマ喰ら
て　へこして死んだほうがエー

なんでもかんでも税金税金、督促状に息つく暇もない。ある物をみんな売って酒をかっくらってセックスして死んだほうがいい。

「保育園落ちた　日本死ね！」を思わせるような寸鉄の鋭い表現。しかし、窮状の必死さ・怒りと共に笑いがある。

〽汽車も早いし電車も早い　電信なお早い　おら家(え)の主婦(じゃじゃ)また早いどこいったば　足袋
はいて足洗た

文明の利器の進歩の速いこと速いこと。汽車も電車もはやいし、電信はなおのことはやいが、我が家の嬶の速いことといったら、足袋をはいたまま足を洗った。

或いは最後のくだりは「飯前に湯コ飲んだ」というのもある。

〽構造改革　テレビで言うほど　さっぱり見えでこね、おらえの家でも　改革やったば
晩酌ねぐなった

これは増田盆踊り（横手市増田町）でうたわれていた近年の作。「構造改革」は小泉首相（二〇〇一〜〇六年）が推し進めていた経済政策。マスコミは「構造改革」が進んでいるかのような報道だが、あまり進展が見えて来ない。我が家では「改革」をやったら、早速、晩酌がなくなった。

なお、巻末に秋田音頭の地口集を掲載しているので、関心のある方は参照されたい。

九　秋田音頭、全国、北海道へ

◆佐藤貞子「秋田音頭だんまり踊り」

秋田名物「秋田音頭」は、ずっと秋田に来なければ見られない芸能だった。それを「秋田音頭家元」の旗を掲げて全国の人々に見せてまわったのは、「秋田おばこの女王」と言われた佐藤貞子(さだこ)であった。

貞子は明治十九（一八八六）年、仙北郡神代村（現仙北市）六丁野生まれ。幼い頃から芸事に秀でていたが、二十歳の頃から笛の名手である父や踊り上手の姉と共に小さな一座を組んで近隣をまわるようになり、やがて従来のおばこ節と大きく異なる「秋田おばこ」の歌が大評判になり、当時としては最新の媒体であるレコードに吹き込み、名を上げる。大正十一（一九二二）年には、東京上野で開かれた「平和記念大博覧会」の「演芸館」に出演し、高評価を獲得。それで大いに自信を得たのだろう、翌年から全国巡業の道に踏み出していき、それは昭和二十二（一九四七）年まで続く。

彼女は「秋田音頭家元・佐藤貞子」を名乗り、全国を巡業してまわったが、秋田音頭こそ貞子一座の最大の呼び物だった。

佐藤貞子の「秋田音頭だんまり踊り」
（中央・貞子）

彼女の十八番「秋田音頭だんまり踊り」は、半年間、貞子一座に加わった佐藤章一によれば、次のようなものだった（佐藤章一『佐藤貞子と私・その周辺』民謡あきた新聞社、昭和六十一年）。

舞台の踊り手は、座長の貞子を中央に両側に一人ずつの三人。まず、普通のテンポで秋田音頭の踊りを四回踊り、五回目から急に囃子のテンポが速くなり、貞子は船の櫂を取り、両側の二人は傘を手にして、入り乱れての激しい踊りになる。そして櫂の中ほどを貞子が持ち、両端を二人が持ち、貞子が「やあーっ」と声をかけて手刀を切ると、櫂は二つに割れて両側の踊り手に半分ずつ残る。次に、片側の踊り手が一丈五尺（約五メートル）程の小幅の赤い布を投げると、布は流れるように空中に弧を描いて飛び、その端をもう一人の踊り手がつかみ、貞子が布の中央を握る。さらに、貞子が腰にはさんだ出刃包丁を逆手に持ち、赤布の中程に振りおろすと、布はプツンと切れて両側の二人に半分ずつ残る。それを踊りながら襷にかけて、舞台中央で片ひざ立ちの貞子に左右から駆け寄り、貞子の片ひざにそれぞれの片足を乗せ、出刃包丁をくわえた貞子が見得を切ったところで幕となる。時間にすれば五、六分のものだが、めまぐるしく変化に富んだ踊りで、観客はものすごい拍手だったという。

貞子のいでたちは、頭は丸髷（まるまげ）だが、着物は着流しに男の帯という男装。後半の地口で、「奥州仙台　白石城下で　女の敵討ち　姉の宮城野　妹信夫で　団七首落とす」が繰り返しうたわれる。

明治年間、秋田市で亀ちゃ・福ちゃらが秋田音頭の流しを行ない、その中に組音頭として芝居に材をとった「志賀団七敵打ち」もあった。白装束の宮城野・信夫姉妹が、それぞれナギナタとクサリ鎌を手に、父の敵・志賀団七を相手に戦う様を踊りにしたものだが、それと同一材料でありながら、貞子の表現は全く別のものだった。

彼女はどのようにしてこの踊りを生み出したのか。

貞子の三女・玉栄が一九九五年六月放映の秋田テレビ「東北民謡の女王・佐藤貞子」で、以下のような証言をしている。

「この秋田音頭はうちの母が昔、曾我廼家五九郎さんて方にアドバイスしていただき、歌舞伎の六法から手をとったものです。だいたい秋田音頭って、昔は半天を着て股引をはいて鉢巻して、同じ手を繰り返し繰り返しやってたんですよ。うちの母はそれじゃ面白くないから、何か変わった手を使おうと。それで五九郎さんからの助言で、だんまりと、六法のパーンとやるこれ（両手首を肩の前で返して腕を押し広げ、見得を切る所作）を入れました」

思うに、貞子がそれまで覚えていたのは、横一列に並んで踊る仙北音頭であり、浅草の小屋に行って上演した際、客席の反応はいま一つだった。それで小屋主の曾我廼家五九郎に相談し、助言を受けたのではないか。五九郎は自らの喜劇一座を主宰すると共に大正六（一九一七）年から浅草六区の観音劇場の経営を任されていた（のち、映画「ノンキナトウサン」に主演し大当たりとなる）。

貞子一座は大正十（一九二一）年四月、東京の浅草・神田・両国・本郷の四ヵ所の寄席に出演し、おばこ踊り・秋田音頭等を上演している（東京在住の記者・若松太平洞の記事が「秋田魁新報」同年五月七日付けに掲載）。

「だんまり」とは、歌舞伎で、登場人物がせりふ無しで暗闇で探り合う様式であり、貞子の秋田音頭の踊りには見いだすことができないが、ともあれ、「秋田音頭だんまり踊り」と名前がつけられ、今に至る。

この踊りは、貞子が秋田市の小屋に初めて進出した大正十一（一九二二）年五月二十九日の「秋田魁」の小さな広告欄にも「日蓄吹込者おばこ節・秋田音頭　佐藤貞子」の文字が見え、終生、大切に保持された。仙北音頭は貞子の大胆な創造が功を奏し、「秋田音頭だんまり踊り」として迫力ある出し物になり、人々の心をつかんだ。

貞子は全国興行を引退した後、郷里に帰り、各地の祭典の余興に出演するようになる。その合間に後進に踊りを指導・伝授した。そして昭和二十五（一九五〇）年一月、病没。「秋田音頭だんまり踊り」は、高度な技を要する難曲であるが、没後七十年たった現在でも貞子の教えを受けた人らの指導で若手によりしばしば上演されている。

◆置戸町「秋田音頭愛好会」

二〇一四年十月五日、「国民文化祭あきた」の「民謡・民舞の祭典」が横手市の秋田ふるさと村ドーム劇場で開催された際、異色の参加団体が大きな話題を呼んだ。北海道の内陸東部、網走管内の常呂郡置戸町秋田地区の人たちの「秋田音頭愛好会」。秋田地区はおよそ百年前に秋田から移住した人たちが開拓した地である。

その経緯は、『北海道ふるさと紀行』（北海道新聞社、昭和五十一年）によると、次のようなことだった。

北海道置戸町の秋田神社鳥居

明治四十三年の雄物川の氾濫によって、六百数十ヘクタールの田畑と数十名の人命を失った雄勝郡と平鹿郡の農民、六十四家族百八十二人は、明治四十四（一九一一）年と四十五年の二次にわたり、北海道東部の無人の原野に入植した。

「しかし入植はしたものの、あたりはタモ、ニレ、松などの原始林で、水田を主としていた県人はどうやって畑作をしていけばよいか途方に暮れた。

移住団は一ヵ月共同小屋に住んだが、松の枝の上にフトンをかけて寝るという状態で、雪が吹き込んで枕元に十センチも積もるほど。一年目は食べるものもなく、十歳以上の少年少女を働きに出してやっと米を手に入れるなど、その辛苦は想像を超えるものがあった。

入植時二十二歳だった小野垣テツさん（八六）＝置戸町雄勝第二＝は「子供を風呂に入れたくて開拓地から半日歩いて置戸へ行ったのですが、あまり黒かったので風呂屋は入れてくれず、泣き泣き帰ったことがあります」と当時をしのんでいる」

＊

開拓から百年後、「秋田魁新報」は「時代を語る　特別編」として「置戸町秋田の人々」を平成二十三（二〇一二）年五月に二十回にわたり連載している。そこではさらに詳しく当時のことが記されている。

大木を伐採するのに秋田から持参した一尺五寸の鋸では全く歯が立たず、根元の皮を剥いで立ち枯れにしてから伐り倒したこと。開墾した畑でジャガイモや雑穀のイナキビが収穫できるようになるまで数年かかり、その間、大人は鉄道工事の現場に行って稼ぎ、女の子は近郷の農家に子守に出された。冬はマイナス二十度以下が珍しくなく、畳もない家では燕麦の藁をしき、その上にゴザをひいてから布団を敷いた。更に川原から拾って来た石をストーブの上で熱し、それをぼろ布に包んで抱いて寝た。食事は麦飯でそれにフキを混ぜて食ったが、なかなか喉を通るものではなかった。

置戸町秋田音頭愛好会の
「秋田音頭（だんまり踊り）」

それでも入植した年のうちに粗末な校舎を建て、「上常呂（かみところ）尋常小学校上訓子府（かみくんねっぷ）教授場」として学校の授業が始まり、五年後には「秋田尋常小学校」となった。

そして、人々は集まりがあれば、決まって秋田音頭をうたい、踊っていた。

――彼らにとって秋田音頭はふるさとそのものであり、秋田音頭があったればこそ、日々を生き抜いていくことができたのではないか。

秋田地区では、開拓一世が大事にしていた文化を忘れてはいけない、との動きが五十年近く前に起き、一九七三年に「秋田音頭保存会」ができた。それが休止状態になっていた二〇〇二年には「秋田音頭愛好会」が生まれ、秋田音頭のみならず秋田の歌踊りを引き継ぎ、「国民文化祭あきた」の「民謡・民舞の祭典」での特別出演になった。舞台では、生保内節・秋田節、そして最後に秋田音頭が上演されたが、それは急テンポでの手踊り、「傘・出刃」、「だんまり」の組踊りだった。

ヤートーセ　ソレ
　秋田音頭です
ア、キッタカサッサ
　ドン
ドッコイサッサ
　ドン
ドッコイナ

コラ
いずれこれより
ごめんこうむり
音頭のむだをいう
あたりさわりは
あろうけれども
さっさと出しかける
ア、キッタカサッサ
　くり返し

コラ
おめたちおめたち
踊り子みるとて
あんまり口あくな
今だばいいども
春さきなどだば
すずめコ巣コかける
ア、キッタカサッサ
　くり返し

わらび座「月刊わらび」1970年11月号より

おわりに

改めて「秋田音頭」の歴史についてまとめてみたい。

この芸能の発祥に関する従来の説の第一は、武家が子女の鍛錬のために柔術を活かした踊りを創始したということであった。確かに、踊りの中に柔術の手を見い出すことはできる。また、詞の作者にも士族が大勢いた。

それが維新以降、芸者の手に渡ってから、武骨だった性質を失い、ただの踊りになってしまったというのである。

しかし、天保八年の熊谷新右衛門の「秋田日記」に見られるように、藩政時代から芸妓が盛んに踊り、なじみの客たちも達者な芸を披露し楽しんでいた。船乗りの上陸で賑わう土崎でも秋田音頭の流しの一団が街をまわっていた。それは「秋田音頭は健勁にして、淫猥の風を帯びず」どころか、享楽そのものであった。

この踊りに柔術の手が入ったのは、秋田音頭が流行し広く好まれる中で、武士は勿論、武術家も踊るようになり、積極的に柔術の手を組み入れたからではないか。

第二の説は、武家ではなく、町方から起こったというもので、踊りの振りや装束に歌舞伎の影響が甚だ強いことが根拠になっている。江戸時代中期にはすでに久保田でも歌舞伎が上演されているので、現実的な基盤はある。だが、なぜ歌舞伎から秋田音頭の踊りが生まれたかについては不問のままであった。

第三の説は、芸妓たちとの座敷遊びである「藤八拳」から誕生したのであろうというものである。

この説が最も可能性があると筆者は考えたのだが、それは秋田音頭は上方で大流行していた「にわか」の特徴を備えており、それこそが秋田音頭を生み、発展させたものではないかと思ったからである。

秋田藩での秋田音頭の分布を見ても、久保田・土崎が最も盛んだったが、物資運搬の大動脈、雄物川の主要な川港である新屋・大曲・角間川にも秋田音頭はあり、それぞれ「にわか」の痕跡を残していた。

「にわか」は日本の喜劇を生んだ母体であり、即興的な演技が特徴の台詞劇が連想されるが、現在、民俗芸能として日本の各地に分布する「にわか」は劇だけではなく、目新しい神輿や、仮装の行列と踊り等々多様である。そして江戸時代中期の「俄踊り」は、それらを包括する概念だった。

それからすると、お座敷遊びの中から「俄に踊る」踊りとして秋田音頭が生まれ、それを囃すのが地口であったという可能性が浮かび上がる。

また、「にわか」はその土地土地の言葉で、面白おかしいことを述べたり、その時々の世間や人を諷刺することが特徴となっているが、特に幕末、反骨の上方ではそれが顕著だったと思われる。

秋田の人はその芸を見て、秋田音頭に活かすことを考えたのではないか。実際にそのようにして幕末維新の秋田音頭は、風刺の地口を多く生み出し、人気を呼んだ。

上方は天下の台所として各地の人が大勢訪れていたろうが、秋田のような例は稀であった。

それは、特筆すべきことではなかったか。秋田の人々はおそらくさほど意識していなかったろうが、無理なくそれを我がものにし、それによって心をつなげる文化として定着させていった。

方言で「何をうたってもいい」という「にわか」の性質をまるごと受け入れ、秋田の人々はこの歌・踊りで人生を、生活を楽しんできた。

笑いは、疲れを吹っ飛ばす。重い気持ちや現実の憂さをはね返し、生きるエネルギーをよみがえらす。だから、笑いの芸能、笑いの歌がこんなにも求められてきたのだろう。

この楽天的で、生を謳歌する芸能は、秋田の人々のソウルといっていいのではなかろうか。

＊

秋田音頭が誕生し波及していったのは、北前船が日本海を航行し、秋田が非常に活力を持っていた時代であり、進取の気風の産物といえる。

秋田音頭は今も秋田の人々にとって一番心を揺さぶる歌・踊りだと思える。民謡界に限らず、ロック歌手など秋田出身のミュージシャンはとくに秋田音頭を取り上げて現代風にうたっており、それだけ可能性がある歌だと思う。

しかし、新しい歌詞が現在はあまり生まれていないようだ。その時々、今、共感しあえる歌詞を創ってうたいかわすこと、それが秋田民謡の魅力と底力を発揮させていくこと、元気な秋田をつくることにつながるのではないか、と思うのだが。

現代にふさわしい秋田音頭のあり方の探求、殊に新しい詞の数々が大いに待たれることである。

注

（1）仙台中央放送局編『東北の民謡』（日本放送出版協会、昭和十二年）の「秋田音頭」紹介文を書いたのは小玉暁村。暁村は、加藤俊三編『秋田県案内』（はかりや印刷出版部、昭和五年刊）を下敷きにして書いている。

（2）茂泉陽子・工藤英三「民踊『秋田音頭』の変遷について」（『秋田大学教育学部研究紀要　教育科学　第31集』、昭和五十六年）。なお、仙北の生保内節などは、秋田国体の際にできた簡略された踊りだけが踊られるようになり、元の複雑な振りの踊りは殆ど忘れ去られてしまった。

（3）小玉暁村「秋田音頭系の諸相」は『随筆雑誌　草園』昭和十二年九月号掲載

（4）「民踊『秋田音頭』の変遷について」は（2）と同様。

（5）『第二期新秋田叢書（三）　上肴町記録』（歴史図書社、昭和四十八年）

（6）『秋田市史中巻』（昭和二十五年）、『秋田民謡芸能年表　第二号』（雪国民俗研究所、平成三年）による。

（7）栗田茂治は文中でこのほか、「仙北のサイサイ踊りの笛は秋田音頭と全く同じであるが、そのわけは、仙北の花館村の人々が、固有のサイサイ踊りを持って秋田へ移って来たためである。彼らはその後、万歳や踊りをやるようになり、歌舞伎の六法ふみの手が音頭となったのだろう」としている。だが、秋田市の花館は仙北の花館村の人たちではなく、佐竹義宣が皮革業に携わっていた土崎の花立の人達を久保田に住まわせたものであり、この推論は成り立たない。

なお、同氏は「秋田音頭異説」（『秋田』昭和八年八月号）で、内町に伝わる秋田音頭は、「むしろ優美なやや間のぬるい、ゆるやかに手を動かす踊りであった」ことを自身の身内が踊っていた記憶をもとに、より詳しく語っている。

（8）「秋田音頭のはなし（下）」、「秋田魁新報」昭和四十六年七月二十一日付け

（9）佐藤清一郎『秋田県興行史　映画街・演劇街』（みしま書房、昭和五十一年）

（10）前掲（3）の「秋田音頭の諸相」に同じ。

（11）もしかして拳囃子は、昔、富木友治の若い頃には今の踊りと違って拳の開閉を特徴とする踊り方だったのだろうかと、昭和五年四月に飾山囃子が「第五回郷土舞踊と民謡の会」（於日本青年館）に出演した折に記録された民俗芸術の会編『日本民俗芸術大観　第一輯』（郷土研究社、昭和七年）を開いてみた。同書には「拳ばやし」の踊りのポーズ写真三十枚が掲載されているが、これを見る限り、当時も現在の振りと殆ど変わらない。友治は思い違いをしていたのではないだろうか。

なお、「けんばやし」の曲は、花輪ばやし（拳囃子）・土崎港ばやし（剣囃子）・羽川剣囃子・増田町サイサイ囃子（剣囃子）等々、各地に広く分布している。だいたいが軽快でリズミカルな曲である。

(12) 『復刻　日本民謡大観　東北篇』（日本放送出版協会、一九九二年）のCD解説
(13) 『菅江真澄全集　第六巻』（未来社、一九七六年）の解題
(14) 『熊谷新右衛門　秋田日記』（無明舎出版、一九八四年）の解説
(15) 渡辺信夫ほか著『宮城県の歴史』（山川出版社、一九九九年）
(16) 柳田国男『民謡覚書』の「採集の栞」（初出「朝日グラフ」、大正十五年）
(17) 『歌舞伎名作選　第十五巻』（東京創元社、昭和三十一年）
(18) 『日本の歴史　9　ゆらぐ封建制』（読売新聞社、一九七三年）、矢島隆教『江戸時代落書類聚　中』（東京堂、一九八四年）
(19) 上方落語「八五郎坊主」の中で、「ちょんこ節」として「坊主山道破れた衣―」がうたわれている。
(20) 田口勝一郎ほか編『図説　秋田県の歴史』（河出書房新社、一九八七年）
(21) 『秋田県史　第三巻　近世篇下』（秋田県、昭和四十年）
(22) 『皆瀬村史』（皆瀬村、平成五年）
(23) 三森英逸『仙北の歴史』（三森印刷、昭和五十三年）

(24) 佐治ゆかり『近世庄内における芸能興行の研究―鶴岡・酒田・黒森』(せりか書房、二〇一三年)によれば、鶴岡・酒田という大きな芸能市場を有する庄内は、化政期から天保にかけての時期、江戸や上方の役者たちを受け入れる、東北の重要な興行地と位置付けられていた。また、歌舞伎の上方~日本海ルートのようなものの存在も窺われるという(金沢・富山・酒田・鶴岡など)。

そこから考えれば、土崎・久保田に下って来た歌舞伎の一座は、そのルートに乗っていた可能性がある。ただし、同書の「庄内芸能興行記事一覧」の表では、天保三~十年の間は、それまでしばしばあった歌舞伎興行の記録がない。天保の凶作時、芝居の一座は酒田・鶴岡をとび越えて秋田の土崎・久保田へ行って興行していたと思われる。

(25) 藤沢衛彦編『日本の小唄』(日本伝説叢書刊行会、大正十年)

(26) 『第三期 新秋田叢書(七)』(歴史図書社、昭和五十三年)の「羽陰温故誌 第二十五冊」の〈年中行事及人民風俗之部・甲〉。近藤源八は土崎居住の商人だったことしかわからない。同誌は明治十六年から三十六年までの執筆という。

(27) 加藤俊三編『秋田県案内』(はかりや印刷出版部、昭和五年)

(28) 山崎ふっさ「秋田音頭のはなし 上・下」(「秋田魁新報」、昭和四十六年七月十九日、二十一日付け)

(29) 秋田県民謡協会『秋田民謡碑建立二〇周年記念　秋田民謡の先人を偲ぶ』(平成十七年)、佐藤清一郎『秋田県興行史　映画街・演劇街』(みしま書房、昭和五十一年)、および『東北民謡集　秋田県』(日本放送出版協会、昭和三十二年)の「秋田音頭」解説。
(30) 「毎日新聞」一九七八年三月一八日付け「うたのふるさと　秋田音頭」。秋田市の民謡研究家・大島清蔵(当時七十八歳)の談。
(31) 『東北民謡集　秋田県』(日本放送出版協会、昭和三十二年)の「秋田音頭」解説。
(32) 『改訂　新屋郷土誌』(日吉神社、昭和四十五年)、及び大島正美『秋田市新屋郷土史』(平成十八年)
(33) 『秋田県史　第三巻　近世編　下』(昭和四十年)
(34) 『改訂　新屋郷土誌』(日吉神社、昭和四十五年)
(35) 三森英逸『大曲の歴史』(三森印刷、昭和五十年)、同氏『大曲、仙北歴史物語』(三森印刷、昭和五十五年)、『大曲市史　第二巻　通史編』(大曲市、平成十一年)
(36) 『日本庶民生活史料集成　第九巻　風俗』(三一書房、一九六九年)
(37) 平野長一郎「角間川の歴史を訪ねて(四六)」(「仙北新聞」昭和三十四年一月十三日付け)、語り手は明治十七、八年生まれの最上翁。
(38) (35)に同じ。

(39) 平野長一郎『ふるさと絵ばなし・仙北編』(秋田文化出版社、一九八三年)

(40) 佐藤恵里『歌舞伎・俄研究』(新典社、平成十四年)所収。

(41) (40)の書籍、及び『日本民俗芸能辞典』(第一法規出版、昭和五十一年)

(42) 西角井正大『大衆芸能資料集成　第八巻　舞台芸1　俄・万作・神楽芝居』の解説(三一書房、一九八一年)。なお、この章では同文献の他、佐藤恵里『歌舞伎・俄研究』、井上精三『博多にわか』(福岡市観光協会、昭和四十八年)を参考にした。

(43) 福岡博「佐賀俄」(『大衆芸能資料集成　第八巻　舞台芸1　俄・万作・神楽芝居』解説)

(44) 雄勝町名振は東日本大震災の大津波で甚大な被害を受けた地。「おめつき」は被災の翌年から再開し、各地に散った住民を呼び寄せ、元気の素となってきたが、人口減と高齢化により、二〇二〇年一月の祭礼は、山車の運行と寸劇が中止に追い込まれ、神事と獅子舞のみの執行になった。

(45) 本田安次「備中の神殿神楽」、『神楽』(木耳社、昭和四十一年)所収。

(46) (36)に同じ。

(47) 井上精三『博多にわか』(福岡市観光協会、昭和四十八年)

(48) 郡司正勝『地芝居と民俗』(岩崎美術社、一九七一年)

(49) (47)に同じ。

(50) 佐喜浜小学校のＨＰ（ホームページ）「俄と佐喜浜」。
(51) 岐阜女子大学「地域文化研究所」ＨＰ、神田卓朗「俄狂言と流し仁輪加」。
(52) 小倉学『祭りと民俗』（岩崎美術社、一九八四年）
(53) 『大衆芸能資料集成　第八巻』（三一書房、一九八一年）の解説（西角井正大、福岡博）。
(54) 『日本民謡大観　東北篇』（日本放送出版協会、昭和二十七年）の「北前船」解説。
(55) 竹内勉『民謡地図①はいや・おけさと千石船』（本阿弥書店、二〇〇二年）
(56) 今野賢三編『土崎発達史』（土崎発達史刊行会、昭和九年）
(57) 『秋田県史　第二巻　近世篇　上』『同　第三巻　近世篇　下』
(58) 『秋田県史　第三巻　近世篇　下』
(59) 金森正也『「秋田藩」研究ノート』（無明舎出版、二〇一七年）
(60) 金児紘征『秋田の中の「伊勢」』（無明舎出版、二〇一七年）
(61) 『日本民謡大全』（春陽堂、明治四十二年）、『秋田郷土芸術』（秋田郷土芸術協会、昭和九年）ほか
(62) 佐藤清一郎『秋田県遊里史』（無明舎出版、一九八三年）

西馬音内盆踊り考

はじめに

西馬音内盆踊り

西馬音内（にしもない）盆踊りが、日本の盆踊りの中で最も美しい振りの踊りだということはよく知られている。

岡本太郎はこの踊りを現地で見て、記している。「数百人の踊り手が、優雅に手をあげ、片足を爪先だてて、軽く、すっと身を泳がせる。ゾクゾクするほど色っぽい。慶長から元禄頃までの屏風絵から、そのまま生きてぬけ出して来たような姿、動き」。(1)

夜の闇の中、篝火（かがりび）に浮かび上がるそれらの姿は江戸時代初期の様子をほうふつとさせるというのである。

文化庁の国指定文化財データベースにも、「盆踊は、全国各地でそれぞれの特色を伴って伝承されているが、西馬音内で踊られている盆踊は、とくに洗練された流麗優雅な踊り

本町通りの西馬音内盆踊り会場
（夕方は子どもたちの踊り）

振りにすぐれた芸態を示し、盆踊の一典型としての価値が高い。（中略）快活でにぎやかな囃子でありながら、その踊りの振りは実に優雅で美しく、数ある盆踊の中でも傑出したものと評価されている」とある。

全国各地にある夥しい盆踊り。その中でも西馬音内盆踊りの振りの美しさは「傑出」しているというのである。これはただ事ではない。

秋田県雄勝郡羽後町西馬音内。西馬音内は、秋田県の最南端に近く、西に出羽山地、東には水田が広がる横手盆地の結節点に位置する、何の変哲もない昔ながらの小さな田舎町で、西馬音内盆踊りはここの本町通りで毎年八月十六日から十八日まで行なわれている。ここに何故かくも美しく洗練された踊りが伝えられてきたのか。全くもって不思議なこととして、その由来や発祥の謎をめぐって、いくつもの説がとなえられてきた。

本稿では、それらを検討しつつ、新たな説を提示してみたい。

一　西馬音内盆踊り由来の口碑について

◆市日と菅江真澄の記録

西馬音内は、享保十五（一七三〇）年に編さんされた「六郡郡邑記」では、「家数百四十四軒」。市日が毎月、三・八・十・十三・十八・二十・二十三・二十八・三十の日に開催されている。これは「朝市」として、今でも殆ど同じ日程で続いている。農作物の他に山のものが数多く並ぶのも昔からのことだろう。

天明四（一七八四）年十月十一日、紀行家・菅江真澄が庄内・由利を経て初めて秋田領に踏み入り、雪の西馬音内を訪れている。真澄は当時三十歳ほど。東海出身の彼は見るもの聞くもの総てが珍しく、五感を研ぎ澄ませ、「秋田のかりね」に綴っている。内田武志・宮本常一の翻訳を参考に現代文にしてみる。(2)

十三日　今日はここの市日である。鮭の魚、鮭の筋子、何くれと商う棚の上から鮭の頭をひとつ盗んで蓑の袖にひき隠したのをあるじの女が見つけて、「どす！（人をののしる詞。また白子、業病のある者をどすと言う）、ぬす人！　ものを出せ！」「いいや、知らね」「言うな！　煙草をのもうと家に入った暇に、手を出してサッと盗ったのをすき見（隠れてものの間から覗くのをいう。隙見である）して、がア（下摺女などの常の詞である）が盗んだんだ。この代の銭を出せ！」「はたらずともやるよ」。はたるとは、責めるである。

このような古い言葉の残っているのを、このいさかいで今聞けたのもおもしろい。

真澄は雪に降り込められ、一週間ほど西馬音内に滞在した。その間、強風で家が揺さぶられると、人々は「この風しちまにせん（静まれ）」と叫ぶこと、雪俵（俵ぐつ）のこと、寒いのを「ひやこ」と言うこと、この国では「何こ」「かこ」と語尾に「こ」をつけて言うのが習いであることなど、様ざま書き連ねている。しかし、この町には盆踊りがあることは一言も記していない。つい二十日前に通り過ぎた庄内の黒川では、いつの頃に始めたのだろうか、村民が「正月の初めには毎年、さるごう（申楽）を舞います。めでたいことです」と黒川能について語るのを書きとめているのに。

真澄が泊まった宿の人は冬なので夏の盆踊りのことは話題にしなかったのか、或いはこの時代、まだ西馬音内には盆踊りの習俗がなかったのか。私は後者の可能性があるのではないかと思う。

◆三つの由来

さて、西馬音内盆踊りの発祥について、一九六〇年代に発行のリーフレット（西馬音内盆踊保存会編集）には次のように書かれている。

西馬音内盆踊りの起源については三つの説が伝えられている。その一つは、鎌倉時代（正応年間一二八八〜一二九二年）、いまから約六百七十余年前、源信上人が蔵王権現（西馬音内御嶽神社）境内で村の豊作祭りとして踊ったのが始まりといわれており、天明の頃からますます盛んになって踊る人たちも多くなってきたところから、町内の目抜きの場所に移って踊り続けられているという。

別説では、慶長年間（一六一一年〜一六一四年）の頃、山形城主最上義光の軍に攻められた小野寺茂道の一族が有屋峠（いまの院内峠）で戦い、更にこの城の館（当町元西地区）

に落ちのび防戦したが遂に利あらず、全軍潰滅（かいめつ）の悲運をみることになった。

この防戦場の露と消えた数多くの精霊を慰めるために生き残った遺族や小野寺家を慕う人々が、念仏踊りというものからヒントを得た踊りを毎年旧盆の十六日から五日間、宝泉寺境内（西馬音内）にかがり火を焚いて踊ったのに始まると伝えられている。
現在では、この二つが合流して西馬音内盆踊りになったのだと語られている。また、『羽後町郷土史』（羽後町教委、昭和四十一年）には、もう一つの由来が記されている。

由利十二党の矢嶋城主大井五郎満安が、文禄二年（一五九三）西馬音内城において自刃したのを悼み、遺臣・侍女たちが盆に城下で踊った。西馬音内城の侍たち女たちも一緒に踊ったのであろう。これが西馬音内盆踊の始まりともいわれる。
都合、三つの説がいずれも口碑として伝わってきた、とされている。

◆鎌倉時代の発祥について

まず、鎌倉時代に源信という僧が蔵王権現の境内で踊り始めたという説について考えてみたい。

蔵王権現（現在の御嶽神社）の開創は、『羽後町郷土史』によると、正応三（一二九〇）年八月十七日、源親が堂宇を建立し、蔵王権現の木像を本尊とし、鎮守の神として祀ったと伝えられている。その半世紀後の貞和二（一三四六）年には周辺の修験者と信者、百余名の名を刻んだ「光明真言碑」（死者の追善供養をする板碑）が建てられている。多数の修験が出入りしていたのだろう。

ここを開基した源親と、豊年踊りをもたらした源信は同一人物で、おそらく修験山伏であろう。ところが彼ら修験が持ち伝えた山伏神楽・番楽の女踊りと、西馬音内の盆踊りとは全く質的に異なり、後者には中世猿楽の雰囲気は片鱗も見受けられないのである。

また、わが国の盆踊りの歴史を概括すれば、「盆踊り」という語句が京都で見られるようになったのは文明十六（一四八四）年頃からで、京都で盆に風流系芸能がピークを迎えるのは天文年間（一五三二～五五）のこと。この頃には太鼓踊りや小歌踊りが多様化しており、多数の踊り手が趣向を凝らした豪華な衣装に身を包んで大規模な踊りを展開し、それが守護大名を通じて各国へもたらされた。近世に入り、京都の町中では盆の時期に町躍と呼ばれる小規模な踊りが三味線などの楽器を伴って流行するようになる。町躍は都市から各地の城下町にも波及し、さらに農漁村の集落へ伝わったとされる。(3)

秋田藩の盆踊りの最古の記録は、『梅津政景日記』の元和三(一六一七)年七月十六日、久保田城下町での盆踊りだという。

この地域が鎌倉時代から仏教が盛んであったことは確かであるが、だからといって盆踊りがあったことにはならない。従って、西馬音内盆踊りの起源を鎌倉時代までさかのぼるのはだいぶ無理があると言えよう(西馬音内では盆踊りのことを昭和初期まで「豊年踊り」と称していた)。

◆西馬音内城主・小野寺茂道の討死説の真偽

次に第二の説についてだが、西馬音内城主の小野寺茂道が山形の最上義光に滅ぼされたというのは史実と相違すると郷土史研究家・柿崎隆興氏は『西馬音内盆踊に関する私見』で述べている。(4) おおよそ以下のような内容である。

西馬音内の御嶽神社

「最上の大軍に攻められて、西馬音内城の将兵が城を枕に全員討死したので、その霊を慰めるために盆供養の踊をした」といえば、悲壮な物語りになって人の心を打つ。従来、郷土人の語るもの、書いたものの殆どがこの調子である。しかし、西馬音内城は最上の軍勢に攻められて落城したのではなく、城兵が戦死したという事実もない。

最上と小野寺は、天正以降、再三戦いを繰り返した宿敵であったが、それは山北（せんぼく）小野寺（横手）対最上の戦いであり（西馬音内小野寺も一族諸将と同様、幾度か出陣しており、中でも天正十四年の有屋峠の合戦では目覚ましい戦果をあげたが）、最上の軍勢が雄物川を越えて西馬音内に攻め入ったことはない。

慶長五（一六〇〇）年九月、関ケ原の戦いの結果、世は徳川の天下となり、小野寺は西軍与力の大名と見られて家康の不興を買い、一門すべて残敵として攻められることになった。同年十月二十二日払暁、湯沢に滞陣していた最上軍の主将・楯岡豊前守が率いる二万余の軍勢が西馬音内を目ざして、途中の柳田城を攻めた。柳田籠城の人数は応援の百姓の男女を含め五百人足らず。よく奮戦したが、通報により救援にかけつけた西馬音内勢が雄物川の岸辺に達した時は既に戦いが終わり、敵方の旗が城中に翻っていた。戦死者は柳田四百八十三、最上百三十三と数えられる。

　この後、最上の軍勢はこのまま侵攻すれば多大な損害が出ることを危惧したのか、西馬音内への進軍は行なわれなかった。

　翌年正月二十一日、横手城主・小野寺義道は、弟の大森城主・康道と共に石見の国（島根県津和野）へ流罪となり、小野寺氏は没落した。雄勝・平鹿二郡の小野寺一族の諸城接収に出動した最上の軍勢が西馬音内に来た時は、すでに城主・茂道が自ら城を焼いて退散した後であった。

　翌七年、秋田の新たな支配者として佐竹氏が転封入部し、治安が恢復（かいふく）した。西馬音内城の侍たちは、知行の田地を没収されることもなく、少数の退散者以外はそのまま佐竹氏の御百姓となった。

以上のように述べ、柿崎氏は、柳田城と混同して西馬音内落城説を語り伝えて来たのだろうとする。

『横手市史　通史編　原始・古代・中世』（横手市、平成二十年）でも、慶長六年、西馬音内城は、西馬音内茂道・則道父子が「自焼」（自ら放火）して庄内に落ちのびたと記述している。

となれば、「戦場の露と消えた小野寺一族の数多の精霊を慰めるために、遺族の者が旧盆に踊り始めたのが、西馬音内盆踊りの始まりである」という由来は、虚構である公算が大である。

芸能の由来が史実と異なることは往々にしてあるのだが、なぜ、このような由来ができたのだろうか。

もともと盆踊りというのは、年に一度、この世に帰って来る亡霊を送るための踊りである。戦国時代にその地で討ち死にした武者の霊を慰めるために始まったという由来を持つ盆踊りも少なくない。それはおそらく、そうした物語があれば盆踊りの大義が地域内外の人々に容易にわかってもらえると、宗教者、あるいは土地の物知り達がいつの時代にか創作した話であり、長年そうした物語が口伝えで伝えられていく中で、人々は本当のことと、ある程度信じてきたのだろう。

西馬音内盆踊りは「産土神(うぶすな)の祭事世話方が指揮で」行なわれていると、昭和九年の『秋田郷土芸術』には記されている。西馬音内の産土社といえば、町中にある御嶽神社である。藩政時代、御嶽神社明学院は秋田藩南西部の六十九ヵ寺の頂点に立つ頭襟頭(ときんがしら)を代々勤めていた。また、天文二十一(一五五二)年にこの蔵王権現堂を再興したのは西馬音内城主・小野寺氏であることが棟札に記されている。小野寺氏は代々、神仏を崇敬し、堂社を保護し、それに奉仕する別当住職を優遇していた。(5) 御嶽神社にとって西馬音内城主・小野寺氏は格別の恩義を持つ存在であり、盆踊りを小野寺氏の慰霊のためと意義づけたとしても不思議ではない。なお、御嶽神社神官の沼沢氏は、弘化年間から明治五年まで西馬音内の寺子屋の習字の師として名が残っている。代々町民の教化を心がけてきたことが窺える。

◆彦三頭巾の連想

西馬音内盆踊りが戦死した武将の慰霊のために踊り始められたという由来を、さもありなんと信じさせるのは、彦三(ひこさ)頭巾の存在が大きいと思われる。真っ黒い布で作られ、すっぽりと頭にかぶり、目の部分だけ穴が空いている異様な覆面である。彦三頭巾をかぶっての踊りは「亡者踊り（もうじゃ）」と呼ばれ、いかにもこの世の人ならぬ姿形である。

　この頭巾は、明治の初期、東京で歌舞伎を見た西馬音内の人が、役者・坂東彦三郎の後見をする黒子の覆面から思いついて作られたので、「彦三」の名がついたといわれている。

また、別の由来譚もある。

　『羽後町郷土史』では、

「女性が黒布で覆面するのは、庄内・由利地方の風俗であり、庄内では「はんこたんな」、由利では「はなふくべ」といって、現在も農作業などに用いられる。

　満安の侍女たちが、非業の死をとげた故主を弔うて盆踊をするとき、郷里の風俗である「はなふくべ」で顔を覆ったのであろう。後世、踊の服装にふさわしいものに改良されて、現在の「ヒコサ頭巾」になったものと思われる」

と記述している。

　「はんこたんな」は、「新潟県北部から庄内・由利地方の日本海沿いにかけての風俗である。幅六センチメートル、長さ一メートル前後の表裏合わせ布で、頭から顔にかけて二回しにし、目と口もとのところをあける。日やけや虫・ほこりを防ぎ、汗止めにもなって、実用上まことに便利なものである。黒のめくら地を用いる。外で労働する婦女子は今でも必ず着用する」（富木隆蔵『日本の民俗　秋田』、第一法規出版、昭和四十八年）。

つまり、彦三頭巾とは一見、黒布で顔を覆うので似ているように見えるが、構造が全く別である。しかも、農作業など野外の労働に用いるものである。由利地方といえど、殿様の侍女たちが着用することは決してなかったのではないか。菅江真澄は「秋田のかりね」の九月十五日、庄内で「この国では手布（たんの）といって、三尺に余る布をあごから頭上にかけて結び、眼だけを出して歩く。これを男女とも夏冬の区別なくしている」と記している。(6)

彦三頭巾は「はんこたんな」から来たものではないであろう。

では、どこから来たのか。

盆踊りで覆面の踊り手が出るのは、少ないながら他にもいくつかある。

「津和野（つわの）踊り」は島根県鹿足郡津和野町の盆踊り。頭は黒覆面で目と鼻のみを出し、衣装は白の振り袖。裾は

彦三頭巾で踊られる西馬音内盆踊り

大きく尻はしょいして、黒の股引をはく。古風な振りを残すが、戦国時代に亀井氏が覆面女装の踊りを踊らせ、それに乗じて敵城に焼き討ちをかけて戦勝したという伝説が伝えられている。(7)

「本町の八月踊り」は鹿児島県肝属郡肝付町新富の本町で、九月の第四土曜日の夜に行なわれる五穀豊穣と無病息災を祈願して踊られる。男性は黒の紋付羽織に陣笠、女性は裾模様の着物に綿を入れた打掛風の着物だが、笠のほか、黒の御高祖頭巾で踊る人もいる。(8)

「与論の十五夜踊り」は奄美諸島の最南端・与論島（鹿児島県大島郡与論町）で、旧暦の三、八、十月の十五日に行なわれている島内最大の年中行事。琉球の尚真王の次男が島民慰安の娯楽を、沖縄と奄美の島々と大和の歌舞と狂言を調査して永禄四（一五六一）年に創始したものという。大和風狂言の一番組（十二番）と、琉球風の踊りを演ずる二番組（十八番）から成っており、二番組の芸能の踊り手はいずれも、サジという刺し子の手拭いで頬かむりをして顔を隠し、その上から色布で鉢巻をする。(9)

これらは西馬音内とは覆面の構造は異なるが、いずれも亡者だといわれる。「この風俗の根底には、精霊があの世から来臨して踊るという民俗信仰があるのは確かだが、中世以

菅江真澄「大曲の盆踊り」

来の風流の仮装の精神が深く関わっているのも見逃せない」（山路興造）。(10)

すなわち、風流踊りの「大勢の踊り手たちの趣向としては、盂蘭盆会（うらぼんえ）の場合なら頭に灯籠を戴（いただ）いたり、頭巾で顔をかくすなど（傍線引用者）、また、祭礼や雨乞いの御礼踊りでは美しく飾り立てた花笠を用いるなど、それぞれに工夫を凝らすのである」（同）。

従って、西馬音内盆踊りの彦三頭巾も亡者を表わすといいながら、それはあくまで「趣向」として生まれ、その風俗が伝承されてきたものといえる。

菅江真澄は文政十年頃、大曲で盆踊りを見た際、それを絵にしている。十七人の踊りの輪の中には、黒頭巾をすっぽりかぶり、西馬音内盆踊りのように両腕を前上方に突き出し手の甲を反らせて踊っている人も数人いるが、この絵につけた文章で、真澄は何らこの異形の者に触れていない。人一倍の好奇心と該博な知識の持ち主である真澄が、これについて一言も触れていないのは、黒覆面は単なる仮装であり、書くに値しないと思っていたからではないだろうか。

◆がんけ

西馬音内盆踊りには「音頭」と「甚句」の二つがあるが、後者は「がんけ」とも呼ばれている。「がんけ」は、空を飛ぶ雁の隊形から来た「雁形」なのか、あるいは仏の教えを勧める「勧化（かんげ）」なのか、「願化」なのか、どのような字をあてるか不明だというが、舞踊研究家・小寺融吉は『郷土舞踊と盆踊』（桃蹊書房、昭和十六年）で次のように述べている。

秋田の西馬音内の盆踊は、昭和十六年を去る三百四十一年前の慶長五年に、戦場の露と消えた小野寺茂道の一族を慰めるために、その遺族が踊ったのが始まりと云う。ここの盆踊は最後になって男女の踊り子が彦三頭巾を冠るのが特色で、それは長いきれを首の前と後に垂れて、鉢巻を結び両眼にあたる所に小さな穴を二つ明ける。従って帯を見なければ他人からは男女の区別が分らない。これは小野寺一族の亡者の姿を現わしたので、この姿の踊によって亡者は昇天するのだと云っている。即ち踊り子はこの時、自分に亡者が乗りうつることを意識する。

この場合の踊を亡者踊ともガンゲ踊とも云う。願解であろう。立願に対する解願、俗に云う願ほどきであろう。つまり小野寺一族を弔う願を立て、それを果たした意味であろう。

小寺融吉は土地の人に聞いて上記のことを記したのだろうが（民謡研究者・武田忠一郎も『東北民謡集・秋田県』の解説で同様に、これは「踊る亡者」であり、戦場の露と消えた小野寺一族の霊が乗り移った「亡者の姿」、「冥土から迎えられた精霊に仮装」したものだと記述しているが）、この踊りがここまで周到に意義づけられ、演出されていたことに驚く。由来の物語を盆踊りで表現するに、あまりにでき過ぎている。

果たしてこれらのことはどれだけの町民に共有され、盆踊りの場で実現されていたのだろうか。というのは、西馬音内の盆踊りといえど、庶民にとっては、わが家の祖先供養と、踊ること自体が生活の中の数少ない、待ちに待った貴重な慰安・娯楽であり、豊作祈願であり（それは稲の神に豊穣をもたらしてくれるよう性的にきわどい歌詞を連発することにつながる）、人間にとっても性の解放・配偶者の選択という、どこの盆踊りにも共通する性格が第一義的なものだった筈である。

推測するに、西馬音内城主・小野寺氏の討ち死にの供養というのは、彦三頭巾の習俗から発想して作られた由来ではないのか。それと、鎌倉時代に御嶽神社を開基した源信が豊年踊りを人々に教えたというのは、御嶽神社の祭事世話方の指揮で豊年踊りが行なわれていることからの連想であり、それらを結びつけることで西馬音内盆踊りの由来ができていったのではないか。「がんけ」という仏教の中でも殆ど耳にすることのない言葉が使われていることと言い（ちなみに私自身は「がんけ」の意味がわからない）、そこには先にも述べたように宗教者の影が見え隠れする。

◆元城盆踊り

西馬音内盆踊りを論ずるには元城（もとき）盆踊りについても触れないわけにはいかない。元城とは元西馬音内のこと。西馬音内の町の西方に隣接する堀廻の元城—西馬音内城はこの地域にあった山城である—に、西馬音内盆踊りと殆ど同じ盆踊りが伝承されているのである。

踊りの振りは西馬音内とは、やや異なるところもあるが大体同じ。音頭のほかに「ガンケ」もある。

享保十五（一七三〇）年編さんの「六郡郡邑記」では、家数は百十軒。山際の地で、西端の小高い山の頂にある御嶽神社は、和銅六（七一三）年、行基の開基と伝えられる。境内とその周辺には室町時代の板碑が多くあり、活発な信仰の後をうかがわせる。ここも西馬音内城主・小野寺氏の尊崇が篤く、天文二十二（一五五三）年の社堂の棟札に「大旦那」として小野寺氏の名がある。

元城盆踊りの由来も、西馬音内盆踊りと同一である。『羽後町郷土史』によれば、「慶長六（一六〇一）年に小野寺氏が亡んだが、遺された家臣のうちには、城下の堀廻（今の元西地区）、および前郷（今の西馬音内地区）に土着帰農したものも少なくなかった。この人々が、在りし日を偲んで毎年盆踊をした」。「堀廻に残った人々は、従前通り城山の下（字梺（ふもと）・川を隔てて小野寺氏の菩提所西蔵寺を望む）の街道で踊った。明治二十七（一八九四）年の洪水でこの辺が荒廃したので、翌年からは役場（今の元西支所）前で踊ることになった」。その後、明治四十二年から中断し、「ここでの盆踊りは復活しない」。「以後、盆踊は西馬音内町だけのものとなった」。

『羽後町郷土史』が書かれてから十年ほどたってから、地元の婦人会や有志が中心になって復活させ、保存会もでき、現在、西馬音内盆踊りの二日前の八月十四日に踊られている（踊りは古老に記憶を呼び起こしてもらい復元したが、お囃子は復元できず、西馬音内盆踊りのものを採用している）。地元では「西馬音内盆踊りは女踊り、元城盆踊りは男踊りで、元城の踊りは西馬音内盆踊りの元になるものだ」と言われている。

となれば、西馬音内盆踊りはやはり小野寺氏の慰霊のために始まったものだったか、という気にもなるのだが、いや、待てよ。

元城盆踊りでは、踊り手は皆、顔をさらして踊っている（私が見に行った時は二人ほど彦三頭巾着用の人がいたが例外的な感じだった）。衣裳も浴衣、あるいは普段着の半袖シャツで、全く田舎の盆踊りそのものである。踊り好きな人たちは西馬音内盆踊りにも加わって踊っているという。

元西の御嶽神社参道の「石馬」

こうは考えられないだろうか。西馬音内と元城は距離的にごく近く、同じ盆踊りが導入され、踊られていくうちに、ある時から、この踊りは西馬音内城の城主・小野寺氏の追悼として始まったという由来が語られるようになったのだと。

西馬音内同様、元城にも古い記録は全くなく、口碑のみである。

二　西回り海運による上方芸能伝播説

◆流通経済の副産物

西馬音内盆踊りの解明をそれまでと全く異なる角度から試みたのは、わらび座民族芸術研究所の小川忠洋氏であった。氏は北浦史朗の筆名で、「わらび　一四〇号」（一九七一年十二月発行）の「民謡研究　盆踊り考（下）」で西馬音内盆踊りについての論考を発表している。以下のような概要である。

西馬音内盆踊りの最大の魅力は、快活でにぎやかな囃子と流麗優雅な踊りとの不思議な調和にある。「音頭」の語りにみられる開放的な楽天性も、囃子の小気味よい躍動感も、ともに極めて農民的な生活感情にあふれているが、踊りは必ずしも「農民的」とは思えない。この相矛盾する二要素が組み合わさって「不調和の調和」といわれる絶妙な美をつくり出している。

なぜ秋田の農民がこのような芸術をもち得たか、この美意識はどのようにして生まれてきたのか。西馬音内盆踊りの持つ歴史をさぐることで解明してみたい。

西馬音内盆踊りの発生については、これまでも①鎌倉の昔、源親上人が豊作踊りとして踊ったものが始まり、②文禄二年に西馬音内城で自刃した矢嶋城主・大井五郎満安を悼み、遺臣・侍女が城下で踊ったのが始まり、③慶長五年、山形城主・最上義光の軍勢によって滅ぼされた小野寺茂道一族の霊を鎮めるために、遺族が念仏踊りにヒントを得て編み出したという説がある。

しかしこれらの伝説はいずれも信憑(しんぴょう)性に乏しく、仮にそのような事実があったとしても、この盆踊りの性格を知る上では大した意味をもつとは考えられない。西馬音内盆踊りの伝説は他の多くの芸能に付随する由来記や伝説と同様に、おそらく踊りそのものよりはるかに短い歴史しかないと推測される。

昭和十（一九三五）年四月に日本青年館で開かれた「第九回全国郷土舞踊民謡大会」に秋田県代表として西馬音内盆踊りが参加し、全国に知られるようになったが、由来の明らかでないものは低俗であるとする風潮に流されて、これらの伝説はその日のためにつくられたと考えるのが適当ではないだろうか。一般に由来記なるものはそうした機会に創作されることが多い。

では、西馬音内盆踊りはどのようにして生まれたのか。それを究明する上で、この地方の農民がたどってきた経済生活の歴史を知ることは大いに意味のあることだ。

その昔、出羽（秋田・山形）北陸方面から海路を通じて表日本へ出るには、津軽海峡をわたる東回り海運と、関門海峡から瀬戸内海をぬける西回り海運とがあった。東回りの方は潮流が急で多くの危険をともなうため運賃が高く、寛政元年の記録によると東回りが二十二両二分、西回りは二十一両だった。しかも江戸まで行く必要はなく大坂で間に合うため運賃は更に安くなった。大名たちは大坂に蔵屋敷を置き、穀物問屋などの大坂商人の手によって、流通経済はいっそう栄えた。このことから出羽・北陸地方は京・大坂など上方の経済圏に組み入れられていった。

この経済機構によって米をはじめ海産物や杉材などが毎年大量に上方に運ばれ、上方からは各地の産物がもち込まれたが、これは各地の文化交流を盛んにした。佐渡や越中、越後の方言は多分に上方的なひびきをもっており、「おけさ踊り」や「おわら節」などにも上方の情緒が感じられる。

西馬音内盆踊りのもっている非農民的な美しさも、これらと同様、江戸時代の流通経済がもたらした副産物と考えることができる。それを断定するに足る具体的史料は残念ながら見つかっていないが、源親上人や戦国武将の伝説に比べるなら、はるかに現実性のある考え方ではないだろうか。

上方から流れ込んできた踊りを、秋田の農民は驚異の目をもって迎えたことだろう。そこには農民が生産生活の中ではまったく経験したことのない、不可思議な美の世界があった。

農民たちはこの踊りをまねして自分たちも踊ってみることにした。しかし、どんなにまねしてみても、元のとおりに踊ることはできない。そこにはもはや以前とはかなり違った踊りがあった。なぜなら、日々の農作業の中でつくられたからだつきは、上方の町人のそれとはまるっきり違っていたのだから。

彼らは静的な踊りを、彼ら自身が生産生活の中で身につけている動的なリズム感と、非常に生活的な情感にあふれた歌とを通して理解し、そのことによってそれは全く新しい芸術として彼らの共有財産になった。

こういった作業は、歴史的にもしばしば見受けられることである。秋田の農民たちは、上方風の踊りを自らの生活感情の中でねり上げ、生命力をふき込むことで新しい芸術作品を創造した。そのことで精神生活はより豊かになり、生きることの尊さ、すばらしさを獲得する上で大きく役立っているのである。

以上が小川忠洋氏の論考の要旨であるが、これにはわらび座主宰の原太郎氏の講演「海山のうた、里のうた」が大きな示唆を与えていると思われる。(11) この講演は創立十年のわらび座が上演してきた日本の民謡と芸能、約三十曲について一九六一年の末頃に原氏が語ったものだが、西馬音内盆踊りの話の最後に述べている。

「(西馬音内盆踊りの二種類の囃子は)どちらもテンポはおそいが堂々とした男性的なものだが、これに対して踊りの方はまことに優雅な美しいものだ。女性の衣裳はこの盆踊りのために特に染めた、紺が多くて白の少ない浴衣か、伊達(だて)はぎといっていろいろの友禅の端切れをつなぎ合せたもので作り、ぬきえもんに着付ける。こういう衣裳といい、相当複雑な踊りの手といい、裏日本一帯に見られる、昔の、京、上方との経済、文化の交流のなごりが偲ばれる」(傍線引用者)

小川忠洋氏はこれを発展・具体化させ、論証しようとしたものと言える。ただし、本人も文中で触れているようにそれを証拠だてる史料はなく、その後も見つかっていない。

◆日本海交流と上方文化

この小川忠洋論考は、意外にも地元・西馬音内の人たちに大きな影響を与えていった。

小坂太郎氏は西馬音内に生まれ育ち、中学教師の傍ら詩人としても活躍した文化人だが、西馬音内盆踊りへの愛着と造詣が深く、西馬音内盆踊り保存会の顧問も務めた。氏には『西馬音内盆踊り　わがこころの原風景』(影書房、二〇〇二年)という著作がある。その中の「一盆踊りの生まれた風土」の「日本海交流と上方文化」の全文を見てみる。

寛文年間(一六六一〜七三)に、北前船による日本海の交流で「西回り航路」がひらけ、秋田の米や杉、院内銀山や阿仁銅山の鉱石などが大坂に輸送されることになった。出羽北陸の大名たちは、大坂に蔵屋敷をもうけて藩米を運び、大坂商人の手によってそれを換金し、流通経済が盛んになっていった。

また、土崎港に入ってきた京・大坂の上方の輸入品(主として衣類やお茶・紙などの生活用品)の輸送は、県南内陸部の雄物川を利用して運ばれた。

雄物川の船運は、鵜巣港（うのす）がこの地域の拠点となった。年貢米を中心とする生産物（大豆・炭・木材・たばこ）を積んで秋田・土崎へ上り、下りは上方からの領外品と海産物（主に魚の乾物や塩漬け、海藻や塩など）を運んできた。

県南部穀倉地帯の産業経済の大動脈となった雄物川交通は、海運につながり、京・大坂を直接に結びつけるものとなった。

こうした交流を土台にして、当然上方の文化も浸透してきたことであろう。上方や各地で生まれた民謡や民俗芸能は、港とともにまた宿場町も伝承の場となってきた。しだいに商業地として発展し、定期市場も立ち、上方の物資も運ばれてきた西馬音内前郷（まえごう）。この里にすぐれた芸能が生まれ、この土地に根ざして豊かに伸びる基盤は、十分にあったのだと私は思う。

踊りの振りや衣裳にも、京踊りや上方で流行した歌舞伎踊りなどの影響が、色濃く反映されている、とよくいわれる。出羽の一農村地帯に生まれた土着の音楽、野趣にみち素朴な土の匂いの染みたお囃子に対し、洗練された優雅な踊りと衣裳の不調和の美、これこそ土地の人々の創造のエネルギーの結晶である。積極的に外からの文化も吸収して、磨きあげてきたものである。

西馬音内盆踊りには、藩政時代の流通経済がもたらした、上方文化の交流の影響がみられる。産業が発達するにつれて、民俗芸能も平行して発展してくる。

したがって私は、西馬音内盆踊りの起源は、佐竹氏の藩政時代後半からではないか、と推察するのである。

わが町の先祖（多くは百姓）たちが、生活労働で身につけてきた動的なリズム感、素朴で明るく開放的な情感＝生活感情を囃子の音楽で表現し、それに外からの芸能文化＝静的で優麗で繊細な振りつけや踊り衣裳、を溶けこませ、代々歳月をかけて練り上げ磨いてきたものである。

小坂太郎氏の論考の基本は小川忠洋氏のそれを全面的に受け継いだものであることがご理解いただけよう。

小坂氏は更に、土地の人ならではの視点で肉づけしていく。

〝雄物川の運行は、角間川港から鵜巣までは五百から六百俵づみの船が使われたが、西馬音内の物資の積みおろしの行なわれたのは鵜巣港であり、そこは西馬音内川と雄物川との合流点をなす、深い淵をもつ良港であった。鵜巣は人家の少ない集落であったが、川岸には大きな浜蔵が四棟あり、蔵主は船主でもある四人の地主たちであった。

衣料・食料品・生活物資の多くを西馬音内の市場で求めなければならない農山村の人々は、その資金を得るために自作の農産物を背負って来るのだが、持って来た品は付け値で買い叩かれ、欲しい商品は言い値で売られる不利な立場にあった。かくて商人はますます繁栄し経済的な支配層となり、農山村の人々はやがて借金の抵当にした土地を取られるはめになり、ますます零細になり疲弊していくものが多くなった。（同著「一　盆踊りの生まれた風土」の「米作りの国」）

しかし、そうしたなかでも、在地地主のなかには、土地改良や稲の品種改良、灌漑用水の整備など、米の生産のため積極的に技術指導をする篤農型リーダーもいた。また一方、連句や俳句を広めたり、歌舞伎・謡曲・能の仕舞いなどを地域に普及させた地域文化人型の地主もいた。こうして地域住民と積極的に連携し、結果的に盆踊りを盛んにする方向に協力した地主の存在も忘れられない。（同著「三　西馬音内盆踊りの系譜」の「弾圧と抵抗」）

この問題意識を発展させ、次のような文章も著わしている。〝（『週刊朝日百科　日本の祭り No.10』朝日新聞社、二〇〇四年八月八日）

「その（引用者注・西馬音内盆踊りの）起源については、記録されたものは残っていない。

ただ、手をたたいたり、跳ねたりする仕草がなく、しなやかな手ぶり足ぶりで大地を摺るように進むところから、能狂言の基本と同じ動きに通じ、上方文化の色濃い影響をみることができるようだ。

寛文年間に北前船による日本海側の西回り航路が開かれた。土崎港に送られてきた京・大坂からの物資は、さらに雄物川の河川交通によって、内陸部にある大型船の終着地・鵜の巣港まで運ばれた。ここから二キロほど離れている西馬音内は、約三百年前から市場が開かれ、商業地として栄え、商業地主を生み出してきた。

物資とともに、上方の文化も浸透してきて、一種の地主文化が発達してきたのではないか、と考えられる。歌舞伎・謡曲・能の仕舞いなどを地域に普及させたり、村民の慰安のために盆踊りを保護してきた地主も少なくない」

しかし、具体的にそれは上方のどういう踊りがどんな人により、どういう経緯で西馬音内にもたらされたのかは究明されず、漠然としたままである。

上方文化の影響があることに異存はない。しかし、果たして、西馬音内盆踊りの踊りは上方から入ってきたものなのか。史料はいまだ出て来ず、そもそもこの仮説は当たっているのだろうか、と思わざるを得ない。

三 「銀山踊り」伝播説

◆『院内銀山記』の記述から

西馬音内から直線距離にして二十キロほど南西方向の山中に、院内銀山がある。これはわが国最大の銀山で、慶長元（一五九六）年に発見され、同十一（一六〇六）年以降、越前の国出身の浪人・村山宗兵衛らの開発で大いに栄えた。文化年間（一八〇四〜一七）に秋田藩が直接支配する直山（じきやま）になってから生産量はさらに増大。天保元（一八三〇）年から明治元（一八六八）年の三十九年間の産銀量は一〇三トンに達し、毎月一〇〇貫目の銀を産出したという。

当時の院内銀山町は戸数四千戸、人口一万五千人で、久保田城下をしのぐ繁栄をみせた。その後、昭和二十九（一九五四）年に休山になるが、近世前期から明治の末までの約三百年の繁栄期は鉱業史だけでなく、社会史上にも貴重な存在とされる。(12)

その銀山町に居住していた院内銀山のお抱え医師・門屋養安(かどやようあん)は、天保六（一八三五）年から三十五年間にわたり、ほぼ毎日、日記をしたためていた。その膨大な日記を民族芸術研究所の茶谷十六氏は解読・刊行した上で、その日記に記されていた興味深い出来事や事がらを読み物風に書き、『院内銀山の日々──「門屋養安日記」の世界』という本を出した（秋田魁新報社、二〇〇一年）。その中に「銀山踊り」と題し、西馬音内盆踊りとの関連を示唆した文章がある。概要を記す。

初めて西馬音内盆踊りを見た夜の、震えるような興奮を今も忘れることができない。これは歌舞伎踊りだ。一瞬そう思った。この異形の装束と独特の足の動きは、桃山時代に隆盛を極めた出雲の阿国の歌舞伎踊りを髣髴(ほうふつ)させるものがある。京・大坂、そして江戸で四百年前に流行した歌舞伎踊りが、遠く隔たった秋田の町に見事に生き続けている。

この不思議な魅力をたたえた盆踊りのルーツを探ってみたいと思った時、ふっと思い出されたのは『院内銀山記』の中の「銀山踊りのこと」という一節であった。佐竹氏の入部直後、開山して間もない院内銀山の模様を克明に記述したのが『院内銀山記』である。

銀山の隆盛にともない、全国各地から山師や金掘大工、関ヶ原の落ち武者やキリシタンなど様々な人が流れ込み、人口数万の鉱山町を現出した。やがて三都で上演を禁止された歌舞伎役者たちもやって来た。「銀山踊りのこと」を見てみよう。

「当山慶長二年に始まり、今寛永の始めにて二十四年の間衰うる事もなく、殊にすぐれて夥しく金銀を費やし、諸人の耳目を驚かすは毎年の踊りにてぞありける。役者は江戸・京・諸国の者にて上手有りての事なり。装束の品々筆にも尽くしがたし。踊り子は五、六十人、或いは百人に余る時もあり。我劣らずと金銀を尽くし、綾羅・錦繍の巻物づたづたに切り裂き縫い合わせ、紋散らし繻珍等の小袖を下として、その上は、いかほども手はり次第に好みける。踊り子の歳は、十一、二より十六、七を限り、四月ころより面々に師をもとめ習い極め盆中に踊り始めて、九、十月まで止む時なし。かくの如き踊りなれば、都より下りぬる傾城も常の小袖にては叶わじと、さまざまの織物にて新しく作り、院内へ下るよし、都の者の話なり」

綾や錦の反物を切り裂き縫い合わせて作った踊り衣裳。常軌を超えた異形の装束、これぞまさに、傾きの極みであり、これこそ今日の西馬音内盆踊りの端縫いの装束の源流ではなかろうか。（傍線引用者）

「門屋養安日記」には、七月十三日の墓参りに続く十四、十五、十六日の三日間と、二十日盆の夜に銀山町で盛大な盆踊りが行なわれていたことが書きとめられている。そこではどんな踊りが踊られていたのだろう。

西馬音内盆踊りの妖艶な美しさの中に、往時の銀山踊りの面影を見るのは夏の夜の幻想にすぎないだろうか。

以上、ロマンをかきたてる大変興味深い提起である。この問題を検討していこう。

◆院内と西馬音内

院内と西馬音内には、どのような関係を見いだし得るのだろうか。茶谷氏が中心になって解読した「門屋養安日記」には、西馬音内のことが何度か出てくる。門屋養安は医者をしながら銀山町の宿屋も兼ねていて、多くの人が出入りしていた。日記にはそれらのことが逐一書きとめられている。現代文にする。

・天保七（一八三六）年正月二十六日

金沢定次から、自分のところへ来た西馬音内村の使いの者一人に、夕飯と宿（一泊）と朝飯をお願いするといって来たので、そのようにした。

・天保十一（一八四〇）年三月八日

（西馬音内村の）若吉親子が、院内の文字定のところへ三味線稽古にやって来た。

・同月十七日

若吉のところへ名兵衛隠居から飛脚一人遣わしたいというので、長八の付き添いで西之宮へ差し遣わした。

・同月二十日

若吉へやった飛脚が今日帰って来た。重い病気らしい。三味線一丁、持参して来た。

・五月二十日

（引用者注・若吉はこの間に亡くなったようだ）

名兵衛隠居がやって来て、若吉の宿代の取り扱いだが、西馬音内村の明学寺様（引用者注・蔵王権現（後の御嶽神社）の別当である修験）が引き受け、十四貫六十文を月割りで返済してくれるという。証札一通を受け取った。衣類と小物は別紙の通りである。三味線一丁。但し糸巻き上げ巻は四月一日に若吉の母が引き取っていったので、ここにはない。

残りの胴竿を入れる箱と風呂敷は名兵衛隠居へ渡した。

・八月二十六日

平野藤三郎殿が西馬音内へおまつを迎えに行くというので、明学寺の老僧へ若吉のはたご代の催促状を頼んだ。証文も頼んだ。

・天保十二（一八四一）年三月十八日

西馬音内の法印・明学寺がやって来た。

・七月九日

守下と安右衛門を若吉の勘定の件で、西馬音内村の法印まで催促にやった。

・同月十一日

守下と隠居は、西馬音内から夜通し（歩きで）帰って来て、朝飯過ぎに帰宅した。勘定の件は、来月二十五日に支払うという申し訳の証文を受け取って来た。

・九月二十九日

西馬音内前郷の左藤元仙が、備前喜一郎のところへやって来て、しばらく御山内（銀山町）に滞在し、療治したいとのことだ。

・嘉永六（一八五三）年八月二十七日

二十七日の夜は役所へ残る。夜、三番はん丁頃より出火。かたつむり・薬師山の間に明かりが見え、明け方まで（空が）焼けていた。二十九日に村方が知らせてくれたのでは、西馬音内の火事でお役所も大半が焼け、家数八十六軒、土蔵九つが焼けたという。[13]

このように、院内銀山町と西馬音内は何かと交流があった。しかし、銀山踊りが西馬音内に伝わったことを窺わせる因縁は、この日記からは感じられない。

◆端縫い衣裳

では次に、茶谷氏が、銀山踊りの流れをくむと目した端縫い衣装についてみていきたい。別掲の図（柿崎隆興『西馬音内盆踊に関する私見』掲載）は黒沢家に伝わる端縫いで、①と③は五種、②は四種の色模様の縮緬の布を使用しており、いずれも左右対称になっている。裏地は紅絹。裾まわしは黒ちちぶで、裾綿入り。衿は黒繻子。三枚とも江戸時代中期の作と推定されている。

端縫いの時は、その下に晒の肌着を着用するが、それには紅色（男の場合は水色）の布

端縫いの布の構成（西馬音内黒沢家所蔵－江戸中期作と推定）

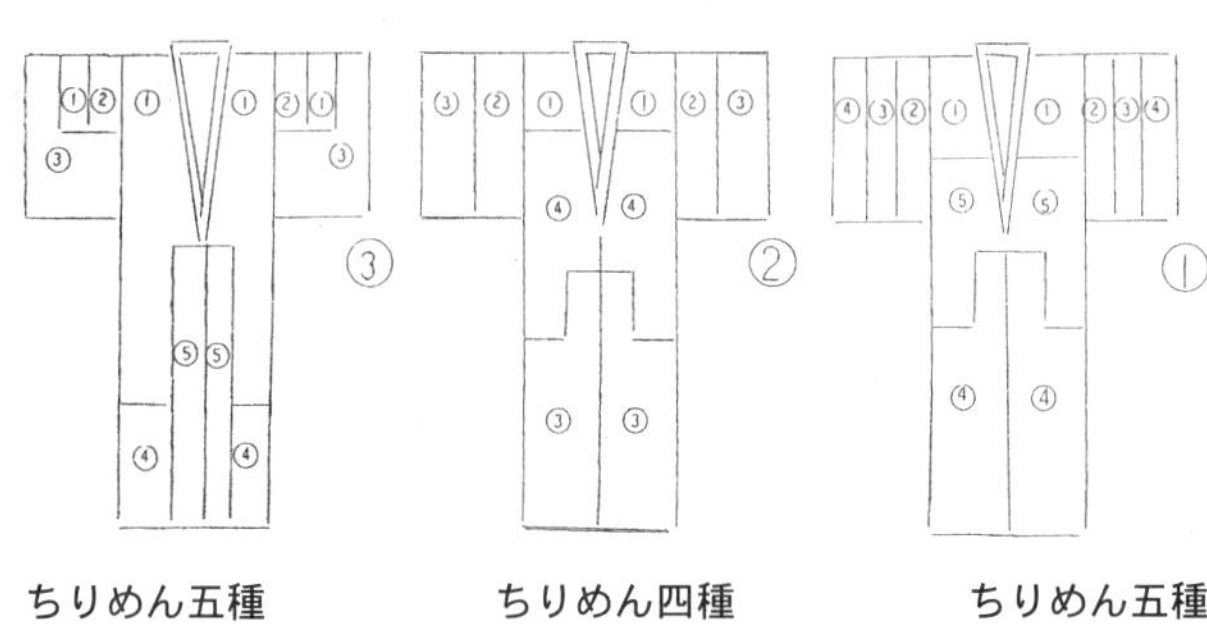

柿崎隆興『西馬音内盆踊に関する私見』より

で衿がつけてある。

端縫いはかなり豪華なものだということが、おわかりいただけよう。

では、これは踊りのために作られた着物なのか。

西馬音内で生まれ育った服飾研究家の縄野三女氏はこう述べている。

「端縫いは元来、桃山時代に花開いた襲(かさね)装束の下衣(したのきぬ)（小袖）にあたり、裕福な女性が正装として用いたものでした。そのため、さまざまな色や模様の絹布(けんぷ)を縫い合わせて袖口や裾と重ね合わせて、お洒落を楽しんだのです」[14]

つまり、正装ではあるが、それは表着の下に着る間着(あいぎ)であり、外からは袖や襟や裾から鮮やかな色合いだけが見える。重ね合わせた色の面白みを人に見せた。と同時に、見えない部分にも様ざまな工夫をこらし、

端縫い衣装
（写真・羽後町観光物産協会提供）

自分で楽しんだ。

殊に江戸時代の文化文政期、町人たちは富を蓄え、豊かさを謳歌していくと、幕府は経済政策の立て直しの上から、奢侈（しゃし）禁止令を出し、町人の服装は地味で目立たないものが主流になっていく。しかし、「粋（いき）」や「通（つう）」の観念が育まれていた彼らは、表着は地味にしながら、その下の人目につかないところには、巧みな技で華麗な布を継ぎはぎし、意匠を凝らしていた。(15)

端縫い衣装は、湯沢市の古い商家や旧家、秋田市の商家・本間家にも残っていて、特に本間家には数十点保存されていたという。(16) いずれも綿入れや真綿を入れたものが多く、防寒の中着に使用されたと見られている。真夏の暑い夜の最中に着て踊るには明らかに不似合いの代物である。

では、西馬音内では、いつ頃から盆踊りでこれを着るようになったのだろうか。

西馬音内盆踊りのことが記された一番古い記録は、明治四十（一九〇七）年八月、全国行脚の途次に訪れた俳人・河東碧梧桐（かわひがしへきごとう）の見聞記『三千里』である。それによると、〃町の真中に三個処大篝(かが)りを焚いて踊り子は踊り、笛と太鼓は高い櫓の上で音頭をとっている。調子はゆるやかで、手ぶりはしなやか。足の運びはキチンキチンと揃う。十二、三歳くらいの女の子たちは長い振袖、編み笠、当世の紫袴をつけた者もいる。歌は、節のつまった秋田音頭そのまま。やがて大人が出て来る。編み笠をかぶった同じような浴衣を着た女の七人連れ。黒い頭巾の五、六人連れ。菅笠をつけた者、面をかぶった者など、おいおい人数も増えていく。〃

碧梧桐は「初めて絵になる盆踊りを見た」とその美しさを讃えているが、端縫い衣裳は出てこない。

「秋田魁新報」に初めて西馬音内盆踊りが掲載されたのは、昭和六年九月五日号である。「篝火に照らされて　踊り狂う歓楽の群　数百年の伝統に生きる古典的な絵巻」の見出しで、「同じような花笠に、新しい浴衣、淡紅色の襷(たすき)を端長く背に結んだ年頃の娘達が（略）編み笠、彦左頭巾で（顔を）覆い、ここを先途と踊りわたる。（略）ことに童女群の縮緬の振袖を高く、低くさしそう所作も一層の興味をそそる」とあり、写真も合わせて掲載されている。

翌七年八月二十日号にも「月明に踊る　盆踊りの楽園　西馬音内町の盛況」の見出しで、

「六千人の同町住民が代わり番コに留守を置いては家を出て大通りの露天の大舞踏場に集まって覆面の踊り三昧だ。更に付近の村からもまた白い浴衣に赤い扱き帯で押し出して来るその踊り子の数は多い時には千人にも及ぶすばらしさだ」と、写真つきで掲載。両年とも端縫いのことは出て来ない。

次に掲載されるのは昭和十年三月九日号。「郷土の花　晴の舞台に立つ　西馬音内の盆踊　願化踊と西馬音内音頭　日本青年館へ」の見出しで、その記事は、「来たる四月五日より七日まで三日間、東京市明治神宮外苑、日本青年館において賑々しく開催される全国郷土舞踊民謡大会に本県を代表して晴の舞台に立つことになった雄勝郡西馬音内町の盆踊は、出演者の顔ぶれも決定し、郷土西馬音内町民の熱誠なる声援の下にいよいよ四月二日の急行で飯塚町長引率の下に出発することになった」で始まる。その後、慶長五年に家臣ともども戦死した西馬音内城主・小野寺茂道の霊を慰めるためにこの踊りが始まったのだという由来を記し、そして衣裳のことに触れている。

殊に目立つのは衣裳の仕立てで、音頭は皮巻絞りの浴衣に有名な彦三頭巾、意気（ママ）な袖なしの大浴衣に眼だけを開いた黒頭巾を頭からすっぽり冠った姿がペルシャ婦人の服装を思わしむる様な異国情緒纏綿(てんめん)たるものがある。一方、願化踊は古代色の濃厚な端縫い衣裳に、鳥追い姿の笠を冠ったクラシカルな興味深いものである。しかもこうした衣裳はすべて地元町民が保存していたもので、にわかづくりではないだけ更に人の目をひくに充分である。

記事に添えられた写真は室内での練習風景で、畳に坐った太鼓や鼓の囃子連のまわりを彦三頭巾に浴衣の踊り手が数名、鉢巻の子ども姿の踊り手が二人、編み笠に端縫い衣裳の踊り手五人が輪になって踊っている。

では、何故、端縫い衣裳がこの時、用いられたのか。日本青年館発行の『第九回郷土舞踊と民謡』（昭和十年）の「西馬音内の盆踊」の「おどり姿」にこう記されている。

> 踊子は男女とも始めは皮巻絞りの浴衣、終りには端縫と云う晴着に着換えるのが古例で、現在は略して普通の浴衣でも踊りますが、今回は古風の姿を御目に掛ける予定であります。

つまり、現在は浴衣で踊っているが、盆踊りの終わりに端縫いを着て踊るのは昔の習いだったというのである。

同年八月二十一日付けの「秋田魁新報」では、「殆ど町内の家という家の娘達が、或いはクラシカルな端縫衣裳に鳥追笠姿で、或いは派手好みの振袖姿に名物の彦左頭巾をすっぽり冠って」と、大勢、盆踊りの場で端縫いを着用している様が報じられている。このとき、西馬音内盆踊りで端縫いは復活し、以来、今に続く。

＊

端縫いをなぜ盆踊りに着用しようと思ったのか、その経緯は不明である。或いは、歌舞伎の盛んだった土地柄なので、遊び心から始まったのか。或いはもしかして、「昔、院内銀山の盆踊りは綾や錦の布を継いだ着物で踊り、それは見事だったそうだ。自分たちも端縫いで踊ってみようか」と誰かが言い出して始まったものなのか。

西馬音内と院内銀山の関係を考えると、後者であったとしても不思議ではない。それが事実なら大変興味深いことである。

しかし、たとえ後者であっても、銀山踊りと西馬音内盆踊りは全く別物であろう。西馬音内の踊りは、あくまで秋田音頭についた踊りである。

四　県南の盆踊りと「秋田音頭」

◆県南盆踊りの分布

私は、西馬音内盆踊りを秋田音頭の角度から考えてみたいと思う。

昭和初期に秋田県の民謡と芸能を研究した小玉暁村は、「ぼんおどりは県内では海に添うた由利、南秋、山本、北秋及び鹿角などの郡では旺盛であるが、仙北以南の地は概して振るわない」と述べているが、(17)確かに秋田の県南部、雄物川流域の仙北・平鹿・雄勝の三郡は、盆踊りの数が少なく、熱狂的に爆発するわけでもない。そして、特徴的なのは、これらはいずれも秋田音頭系の盆踊りだということである。

県南の現在の盆踊りの分布は、以下のようになる（近年まで継続していたものを含める）。(18)

〈羽後町〉西馬音内盆踊り・元城盆踊り

〈湯沢市〉岩崎盆踊り

〈東成瀬村〉田子内盆踊り
〈横手市増田町〉増田盆おどり・戸波の草音頭
〈横手市十文字町〉睦合盆踊り
〈横手市山内〉相野々盆踊り
〈横手市平鹿町〉浅舞踊り・田中踊り
〈横手市雄物川町〉大沢盆踊り
〈横手市大森町〉ドドンナドンナ
〈横手市〉横手盆踊り
〈美郷町六郷〉本館地元盆踊り
〈大仙市〉角間川盆踊り

繰り返すが、これらはすべて秋田音頭系の盆踊りである（横手盆踊りや角間川盆踊りのように、地口がなく囃子のみの踊りもあるが、その旋律とリズムはほとんど共通している）。故に、西馬音内盆踊りもこれら横手盆地に分布する秋田音頭系の盆踊りの一つと位置づけることができるのではないか。

これらのうち、由来がほぼ確かなものをあげてみる。

・岩崎盆踊り（湯沢市）は、江戸末期から明治の始め頃にかけて、岩崎地区にある弥吉山に杉の伐採に来ていた数人の木こりから教わったもの。(19)
・浅舞踊り（横手市平鹿町）は、明治二十四（一八九一）年に焼失した曹洞宗・長雲山龍泉寺の再建に来て、足かけ五年滞在していた秋田市豊島町（現・大町五丁目）の大工棟梁・宮原梅松らによって伝えられた。豊島町は料理屋が多く、周辺は江戸時代から町踊りが盛んだった所。(20)　盆になっても真っ暗で何もなく寂しいので、棟梁や大工衆が踊り始めたのを見て、浅舞の人たちが踊りを教わって浅舞踊りが始まったという。
・田中踊り（同上）は、平鹿町鍋倉の二十世和尚として秋田から移住してきた幡屋貞雲の妻・上村ツネ（明治三十六年没、七十五歳）が伝えた。寺の経営の助けとなるよう、ツネは門前に茶店を出していたが、毎日飲みに来る若者たちに「お前(め)だち、飲み芸しかねなだすか？」と言ったところ、「飲み芸しかねだて、盗み芸が、ねがらえべ」との答えが返って来た。そこで彼女は娘の時に覚えた秋田の盆踊りを教えた。この踊りは、やがて田中に移住した嫁のテツに引き継がれ、田中踊りとなった。
　田中踊りは、もも引き・はんてん姿。「秋田音頭と柔術をミックスしたような」勇壮活発な踊りで「男踊り」と言われる（対して浅舞踊りは「女踊り」と）。(21)

・角間川盆踊り（大仙市角間川）は、「秋田音頭考」でも触れたように、古くから秋田音頭が踊られていたが、これはおそらく雄物川水運により新屋・秋田・土崎と密接に結ばれていたことから、それらの地から伝播したものと思われる。それらを元に秋田音頭の名手・藤田庄八が昭和五年に新しく振り付けしたものが現在の角間川盆踊りとなっている。

＊

以上のことから推察すれば、県南の盆踊りはいずれも①秋田市から直接の流入伝播　②雄物川水運を仲立ちにする伝播　③その他（たとえば近隣からの伝播）等に分けられるであろう。

そして、西馬音内盆踊りもそのいずれかに該当すると思われる。

が、西馬音内の踊りは、県南各地の盆踊りに比して、振りもやや異なり、何より格段の優美さを有す。そこには何があったのだろう。

一つは、昭和十年、日本青年館主催「第九回全国郷土舞踊民謡大会」参加に向けて女子青年団が猛特訓した際、それまで各自バラバラに踊っていた振りの中からよい部分を取り入れ再構成したことがあろう。これが現在につながる基本の型となった。

だが、それだけではあるまい。民俗芸能研究家・本田安次は昭和十年の日本青年館での西馬音内盆踊りを見て、「その踊りのあまりの美しさに魅せられて、翌十一年の盆には実地に見に行った。ところが実地の踊りは更に美しいのでさらに驚いた」と述べている。(22) 東京の大会に出演した踊り手は十六名にすぎない。翌年の盆踊りで彼女らの踊りの型が千人に及ぶ参加者全員に広まっていたとは到底思えない。大部分は従来通りの踊り方だったのではないか。本田はそれを見て驚嘆しているのである。

西馬音内盆踊りがなぜ極めて優美な踊りになったか、その解明の鍵になるのではないかと思われるのが、近泰知(こんたいち)『出羽実録　植田の話』の記述である。

◆植田の盆踊り

植田は、旧平鹿郡植田村（現横手市十文字町植田）。雄物川と皆瀬川の合流地点の平野部にひらけた稲作地帯で、『出羽実録　植田の話』は同地出身で尋常小学校の教員等を勤めた近泰知（明治四年生、昭和二十九年没）が、十八歳の時に着手し、生涯をかけて記した大部の郷土誌である。(23) その「第十二章　風俗・芸能・行事」の「二十九　盆踊」が実に興味深い。現代文に訳す。

昔から秋田音頭は全国に名高いが、植田には植田踊りがある。その由来は、万延文久の頃（一八六〇〜六三年）、久保田藩の藩医・星野杏庵の子息、左門（二十二歳）が、同僚二人が喧嘩口論から刀を抜いて斬り合いに及ぶを見て逃げ帰ったという不実を咎められ、久保田の町から放逐され、村預けとして植田村に幽閉されたことに端を発する。住所は植田村裏町の医師・近隣斎の家である。

親郷の肝煎・高橋庄右衛門や植田の肝煎・近伊左衛門はこれを優遇し、飲食も用意し、朝から夜まで左門のしたい放題にさせた。

左門は藩にあって芸事を好み、医を棄て、刀を嫌い、技芸茶屋遊びばかりしていたが（それ故、同僚から嫌われていた）、植田に来てからも踊りの師となって、男女児の手を取り足を引かせ、秋田盆踊り（すなわち秋田音頭）の七振り七段を練習させた。囃子の楽器を調えさせ、踊りの着物と笠を仕立てさせた。

植田村では旧七月十四日から二十日まで毎晩、夜半まで盆踊りを行なうのを例としていた。その形態だが、まず、山といって木屋を仕組んで、四面に丸灯籠を吊るし、中に大太鼓一人、小太鼓一人、鼓一人、笛吹き二人、三味線二人、摺鉦一人、地口語り二人でもって囃子方とする。踊り手は各々覆面をして異様な服装をする者がいたし、散らし紋様を着物に張り付ける者もいた。

一同は、各富豪の門前でかがり火を焚かせ、そこで踊るのを無上の楽しみとしていた。左門の教えた踊りは、近郷近在の盆踊りに比べ格段に優美なため、付近の町村から見物が大勢来た。旧藩時代の植田踊りの名は十文字や浅舞まで聞こえたという。

すなわち、久保田の町で仕事そっちのけで芸事に入れ込み、玄人はだしの芸を身につけていた士族の若者が、植田村に滞在中、村の男女に、実に優美な秋田音頭の踊りを教え、それが植田の盆踊りになり、その名声が近隣に鳴り響いたというのだ。

植田と西馬音内の間は、雄物川を隔てて直線距離で四キロばかり。植田盆踊りの素晴らしさを聞きつけた西馬音内の人らが十分、見物に行ける距離である。さらに、同書の「五、商業」の「(三)　盆、暮の市場」には、古来、旧暦十二月十七日は「十七夜」と呼ばれ、杉ノ宮（現羽後町杉宮）の祭礼に市がたち、冬物の木製品・衣食住の諸品（特に八郎湖の魚類）を商う商人が続々と来場し、大変賑わった。翌十八日は「十八夜」といい、西馬音内で市がたち、十九日は「十九夜」といって植田で市が立った。最終日とあって秋田、五城目あたりの商人は全部売りつくして帰ったたし、植田には横手・浅舞・沼館・増田・岩崎・

植田盆踊り（『植田の話』秋田文化出版刊）

湯沢からの出店も多かったとある。西馬音内と植田は正月準備の市場が連続して立つ距離であり、多くの商人が両地をまわっていた。

ちなみに「星野杏庵」の名は、『秋田人名大事典』（秋田魁新報社、昭和四十九年）に「医名の高かった御側医」として出ている。ただし、生年は宝永三（一七〇六）年、没年は安永二（一七七三）年の享年六十八なので勘定が合わず、これは左門の父ではない。この杏庵の父・元道も秋田藩側医。元允を名乗っていた元道の次子が「杏庵」を襲名している。従って、秋田藩医・星野家に「星野杏庵」は何人もいたことになる。

また、『植田の話』の「医者」の項には、左門を自宅に預かった「近隣斎」について記されているが、それによると、元和寛永（一六一五〜四四）の頃、医師をしていた彼の祖先・近休庵は久保田の医師・星野休意に医術を学んで医師になり、師から「休」の一字を貰った。休庵の長男、二代目・良庵は星野杏庵について学び、良医として知られたという。星野家と近家は以前から深い関係があったのである。

近隣斎についていえば、文政初（一八一八）年の生まれで、幼い時から読書を好み、博覧強記で医術も巧妙で雄勝・平鹿地方に名が知れ、多くの患者がつめかけていた。隣斎は不幸続きで、妻を失うこと三人。加えて長男・二男・長女を早逝させたこともあり、昼夜、医術に心血を注いだ。貧家には夜半でも往診を怠らず、人々を感嘆させた。田地は三千刈（約四町歩）、小作米百二十俵に薬礼金もあり、暮らしにはゆとりがあった。

維新後は三男の隣益が九代目を継ぎ、努力して良医となり、氏を「大久保」と改めた。

なお、植田の盆踊りは今は絶えている。

◆芸能風土

星野左門が花柳界で習得した秋田音頭の踊りはどのようなものだったのだろうかと考える。

明治も後半になってからだが、秋田の芸妓・児玉鶴は稽古について述べている。

「私共の躍る時代は、官員さんでも芸人が多かったのです。それですから、なかなか誤魔化しはできません。大いに稽古したものです。寒中でも袷（あわせ）一枚でした。それでなければ形（かた）が付きません。随分おっかさんのため土蔵に入れられたり、縛られたりしたこともあります。躍りは充分責められたものでなければ、舞台に上ってもキマリが付きません。全く形なしのメチャメチャになります」(24)

最後に「今の人は習う際、責められることを嫌がり、教えるほうもそれで構わない。芸者は顔さえよければ売れるので難儀して覚える必要がない」と嘆いており、当時、昔のような厳しい修練はなくなっていたのだろう。

こうした秋田の芸妓連が長年、厳しい芸の追求をして到達した踊りの水準を左門が体得し、植田にもたらし、それが殆どそのまま西馬音内に残っているとしたら、合点が行くのではないか。

まず第一に、西馬音内盆踊りの特徴である「摺り足で踊られる」ということ。

小坂太郎氏は「能狂言の基本と同じであり、北前船によってもたらされた上方文化の特徴だ」としたが、秋田の芸妓たちがお座敷で踊っていた際の足ではないのか。

第二に、西馬音内盆踊りが、日本の盆踊りの中で極めて優美であること、それは踊りの玄人が研鑽を重ね、到達した美の境地であるからではないか。

この踊りは、自然に身体が動いてできた踊りではない。美しく見えるように振り付けられている。踊りを職業とする人らが、充分観客の目を意識して振り付けた踊りではないかと思う。

第三に、西馬音内盆踊りの、踊りとしての難度の高さ。地元の人たちが代々踊り継いで来て、幼い頃から踊りだし、何年も何年もかけてやっとサマになる踊りが踊れるというのは、「踊りの形（かた）」を身につけることの困難さのあらわれでもあろう。

現在、秋田の舞妓に左門が踊っていた秋田音頭の踊りは伝わっていない。だが、仁井田福松から教えを受けた土崎の芸者の踊りを知っている仁井田トシさんは語っていた。「昔の秋田音頭の踊りは、柔のような型で、間が長いが、要所要所の決まり手に品格があった。西馬音内の盆踊りに似たところがある」と。(25)

＊

秋田のお座敷で発達した玄人の踊りは、しかし、横手盆地南端の農村部の中にある西馬音内の町で踊られるようになり、化学反応を起こしたのではないだろうか。どんな変化があったのか。

・しなやな手ぶりはそのままでも、足の下は大地であり、しかも踊るのは庶民であり、野太さが加わった。
・路上にはかがり火が焚かれ、揺らめく炎に照らされて踊る姿の玄妙さ。さらに、彦三頭巾あるいは編み笠で顔を隠して踊ることで、この世ならぬ空間が現出する。囃子と地口が情動を高める。それらが混淆し、非日常の魅力的な世界が生まれた。
この、美しいが決して易しくはない踊りを受容し根づかせた風土はどのようなものだったのだろうか。

前記『植田の話』の「芝居と俳優」の項には次のようなことが記されている。

〝農家の閑散期を利用し、娯楽として芝居や手踊りをするのは昔からのことだが、宝暦や文化の頃は、清水が湧く野外、あるいは鎮守の杜で行なった。中でも増田十文字、志摩、植田石川原、浅舞、造山等は盛んだったという。田舎の祭礼では放楽芝居を催して、遠近の友を呼ぶのが通例で、しばしば歌舞停止のお触れが出たが、豊作になれば密かに行なわれた。

旧藩時代から志摩（引用者注・現横手市十文字町植田志摩）に「五郎左衛門一座」という他藩まで興行して歩く一座があった。当時、志摩一帯は、漁が多く貯蓄も少なからずあったので、上方から来た初吉という者が志摩に落ち着き、村内有志が集まって芝居踊りを習い一座を設けた。が、明治十七、八年頃から次第に衰退し、今は廃絶した。

嘉永安政の頃、土崎港の人で酒田小太八という者が越前村（同じく十文字町越前）に移住して来て、善兵衛の入り婿となり、かねて得意の芝居踊りを村の若者たちに教えたのが始まりで芝居が盛んになって、その中から佐藤梅之助という者が中心になって明治の初め頃、「男女之助一座」として処々で興行した。雄勝郡の唐松座を組織したのはこの人である。〟

同じく「浄瑠璃連」にはこうある。

〝安政年中、久保田から義太夫三味線の名人・竹本咲太夫が植田に来て、植田の高橋文治という者が弟子になった。文治は高橋庄右衛門の四男で、後に医師・近隣斎の養子となり、近良助と名を改めた。彼は天性、浄瑠璃を好み、叱られても寝食を忘れて習い、師匠に次ぐほど上達し、何人もの弟子を育てた。その後、秋田座元・竹本浜太夫（二代目咲太夫となる）の連座に入った。(26)

上三郡（雄勝・平鹿・仙北）には「浄瑠璃組合連」ができていたが、明治十七年には、院内連・湯沢連・大館連・西馬音内連・増田連・横手連・浅舞連・植田連・今宿連・六郷連・花館連・角館連・境連・金山連の名が見える。〟（傍線引用者）

つまり、この地方では幕末以降、上方や秋田方面から来た芸人が何人も住み着き、芝居や踊りや浄瑠璃がより盛んになり、一座を組んでは近隣を興行していたのである。西馬音内でも御嶽神社の秋祭りには境内の仮設舞台で、三日間、法楽芝居の歌舞伎が上演されるのが常だった。

この地方では、芸能愛好熱がかなりあったようだ。しかもそれは、神楽や獅子踊りといった古くからの歴史と伝統を持ったものではなく、洒脱な垢ぬけた芸能――しかも、凛とした芸が一本通っているものが好まれていたと思える（勿論それだけでなく、秋田音頭の地口は十分に野卑だが）。

◆持続させてきたもの

そうした土壌の上に西馬音内盆踊りは根をおろし、生き続けて来た。

「西馬音内で一年中の最大の行事は盆踊りだった。踊りの囃子が鳴り響くようになると、アンコもアネコも仕事が手につかなくなる」（縄野三女）。(27)

西馬音内盆踊りをこれまで持続させてきた一番の原動力は、まず何より、踊りそのものの魅力であったろう。踊ることの無上の喜び。囃子が聞こえてくれば、皆、血が騒ぎ、自然に身体が動き出す。

西馬音内盆踊りの歴史で、存続に関わる最大の危機は大正年間に起こった。町に赴任してきた警察署長が「風俗を乱すものだ」としてこの盆踊りの禁止を通告したのである。が、それはその署長一個人の意思がそうさせたのではなかった。根は明治初めにさかのぼる。明治六（一八七三）年八月、秋田県令は盆踊りに関して、以下のような禁止の布令を出した。現代文にする。

「当管内では、毎年七八月頃に盆踊りと称して、男女、群れをなして集まり、管弦（引用者注・笛や三味線）を鳴らし、歌舞をする風習があるが、これは庚午（明治三年）十二月に出された太政官（だじょうかん）の布告の趣意に反する、もっての外の事である。深夜、外に出歩くことは第一、健康を害するのは勿論、あるいは男女の別を乱して衣類を同じくする等の悪習もあると聞く。実に不都合の所業に付き、今後、この禁を犯す者があれば処罰致すものである」(28)

つまり、盆踊りは風俗を乱すものであるから禁止する、としたのである。明治維新を経て、西洋のような近代国家をめざす日本にとって、従来の伝統的な習俗・祭礼行事・娯楽芸能等々は、近代社会にふさわしくないものとして禁止・取り締まりの対象とされたのである。太政官布告は各県毎に具体化され、県によって禁止の内容と程度は大きく異なった。たとえば青森県では門松廃止（明治四年）、ねぶた禁止（同六年）、虫追い禁止（同七年）、盆踊りの厳禁（同九年）、えんぶり踊りの廃止（同九年）。山形県では田植踊りの禁止（同六年）、福島県ではじゃんがら踊りの禁止（同六年）等である。いずれも「文明の今日、あるまじき弊習」という理由であった。(29)

ただ、これらは行き過ぎが問題になり、次第に旧に復していったし、秋田県の場合は他県に比べて取り締まりも弾力性があったとされる。

しかし、庶民の間で行なわれてきた民俗的な習俗等を遅れたもの、糺（ただ）すべきものと考える思想は、教育界や行政・警察等に着実に浸透していき、大正時代の西馬音内の警察の態度に表われたものと思われる。おそらくこの時、彼が問題にしたのは、盆踊りの晩に行なわれる若い男女の性的な関係であり、それは古来、日本のどこでも当たり前にあり、地域内では認められていた事柄であった。

さて、西馬音内では警察の禁止に対し、「町の人々の抗議も押し問答の繰り返しで埒（らち）があかず、そうした事情で所要の経費も調達できず、一時は極端に衰微した。警察当局の指摘する風紀問題については反省もなされたであろうし、「郷土芸能に無理解な他所者、権力を笠に着た刀筆吏（引用者注・小役人）の杓子定規で、伝統三百年の西馬音内盆踊りが潰されてたまるか」といった住民感情が根強く、支配階層の地主中にも復興を熱望して私財を投ずる人々があったので、数年後、またもとの盛況を見るに至った」（柿崎隆興『西馬音内盆踊りに関する私見』）。

かがり火広場の西馬音内盆踊り銅像

全国的には盆踊りは明治の初めは弾圧が強かったのが、大正に入るとその力が弱まり、昭和になって盆踊り復興を迎えたというが、(30) もしもこの時、当局に屈して断絶していたら、たとえその後しばらくして復活したとしても昭和十年の日本青年館への出演はなかったのではないか。

町民の踊りへの情熱と誇りが、危機を乗り越えさせたのだと思う。

おわりに

西馬音内が、山地に半ば囲まれた農村部の小さな町にありながら、なぜ、日本の数ある盆踊りの中でも最も美しい振りを持つ盆踊りが伝承されているのか、その奇跡的な事象はどのようにして生まれたのかを、これまでの説を検討しつつ、考えを巡らしてきた。

文字による記録も口頭の伝承もないが、それは秋田の風土の中で生まれた芸能がいくつかの変遷を経て落ち着き、開花したものという結論に至った。

野卑な秋田音頭の地口も、それと対照的な芸術的といっていい美しい踊りも、共に秋田がその歴史の中で生み出し、育んできたものである。

私事になるが五十年近く前、秋田県に来て最初の年に西馬音内盆踊りの輪の中に彦三頭巾をかむって加わり、しばし踊ったことがある。うろ覚えで、前の人の振りを必死で追いかけながら手足を動かしているうちに不思議な揺らめきの心地よさに陶然となったことを覚えている。

今でこそ西馬音内盆踊りは日本三大盆踊りのひとつと言われるようになったが（注・あとの二つは岐阜の郡上おどりと徳島の阿波おどり）、当時は知る人ぞ知るという存在で、全国的にはさほど有名ではなかったように思う。だが、あの頃はうまい踊り手が大勢いて堪能できたものだ。昨今、他所から来た人が踊りの大半を占めるようになってからは、違和感と物足りなさで、見物の足も遠のいてしまった。願わくば、昔のように、西馬音内の人たちが大部分を占める西馬音内盆踊りを見たいものだ。あの踊りはあの地で幼い頃から踊り始め、何年もかけてやっと風情が出て来る踊りではないかと思う。

注

（1）『岡本太郎の眼』（朝日新聞社、昭和四十一年）。太郎は日本青年館で行なわれた民俗芸能大会で西馬音内盆踊りを見て魅了され、昭和四十年八月に現地を訪れた。
（2）『菅江真澄遊覧記1』（平凡社、昭和四十年）
（3）『祭・芸能・行事大辞典』（朝倉書店、二〇〇九年）の「盆踊」。
（4）柿崎隆興『西馬音内盆踊に関する私見』（謄写版印刷、昭和四十七年）
（5）『羽後町郷土史』（羽後町教委、昭和四十一年）

（6）（2）に同じ。
（7）文化庁監修『日本民俗芸能事典』（第一法規出版、昭和五十一年）
（8）ウィキペディア。なお、民俗写真家・須藤功の「女たちの覆面や古くからの踊りの衣装が西馬音内盆踊りを思わせる」のコメントが引用されている。
（9）『祭礼行事・鹿児島県』（おうふう、平成十年）
（10）『大系　日本歴史と芸能　第九巻　風流と盆踊り』（平凡社、一九九一年）の「映像解説」
（11）「海山のうた、里のうた」は一九六二年二月に京阪神電鉄労組の機関誌に掲載、のちに『日本の歌をもとめて　第二集』（未来社刊）に収録された。
（12）『秋田大百科事典』（秋田魁新報社、昭和五十六年）
（13）『未完日記集成　第一巻　門屋養安日記　上』『同　第二巻　門屋養安日記　下』（三一書房、一九九六年・一九九七年）
（14）縄野三女「独特な美しさを生む端縫いと彦三頭巾」（『週刊朝日百科　日本の祭りNo.10』朝日新聞社、二〇〇四年八月八日）。縄野氏は西馬音内に在住の染色作家・服飾研究家。
（15）吉岡幸雄「男のきもの」（『シリーズ衣の文化②きもの文化史』朝日新聞社、昭和六十一年）
（16）佐藤智子「秋田県西馬音内盆踊りに着用される「端縫い衣裳」について」（『聖霊女子短期大学紀

要　第四号』、一九七五年)。なお、同稿では、文化・文政から天保期の下着に、「央を種々の小裁を継ぎ合わせ、これを用いるもあり」(『近世風俗誌』)と、現存の西馬音内盆踊りに着用される端縫い衣裳と一致する記述があることを指摘している。

(17)小玉暁村「郷土芸術往来」(『秋田郷土叢話』秋田県図書館協会、昭和九年)

(18)国際教養大学地域環境研究センター「秋田県民俗芸能アーカイブス」、『東成瀬村郷土誌』(村教委、平成三年)、ほか。なお、「睦合盆踊り」と「ドドンナドンナ」は平成十年頃まで行なわれていたが、現在は途絶えている。

(19)湯沢市教委・岩崎盆踊り伝承委員会監修「DVDでまなぶ・おぼえる岩崎盆踊り」

(20)『平鹿町史』(平鹿町、昭和五十九年)

(21)『平鹿町史』、及び遠藤辰兵衛「浅舞の盆踊り」(秋田魁新報、一九七八年八月十七日付け夕刊)

(22)本田安次『田楽・風流一』(木耳社、昭和四十二年)

(23)近泰知著・十文字地方史研究会編『出羽実録　植田の話』(秋田文化出版社、一九八五年)

(24)「銷夏叢談(十七)　児玉鶴孃―秋田音頭」(『秋田魁新報』明治三十九年七月十六日付け)

(25)佐藤清一郎『秋田県興行史　映画街・演劇街』(みしま書房、昭和五十一年)の「亀ちゃ踊りの後継者たち」

(26) 竹本咲太夫は文化十三年、京都生まれの義太夫師匠。弘化四年、三十三歳の時、信州から秋田に来て興行中、富豪の娘に見染められ、大曲に永住。義太夫では東北の第一人者で横手盆地の各地から教えを乞う者が後を絶たなかった。大曲を拠点に土崎や函館にも出張教授をした。芝居の指導もし、学問・歌・俳句・茶の湯・生け花にも長じ、多くの著書がある。明治十九年没。『秋田人名大事典』『秋田県興行史』による。

(27) 縄野三女「今は昔、羽後の一二ヶ月」(『西馬音内の地域誌』羽後町教委、平成十八年)

(28) 『秋田県警察史　上巻』(秋田県警察本部、昭和四十四年)

(29) 『日本庶民生活史料集成　第二一巻』の「府県史料〈民俗・禁令〉」(三一書房、一九七九年)

(30) 小寺融吉『郷土舞踊と盆踊』(桃蹊書房、昭和十六年)

［資料編］

秋田音頭 歌詞集

『日本民謡大全』（春陽堂、明治四十二年。改訂発行、大正十五年）

○秋田の名物、八森鰰、男鹿では男鹿ぶりこ、能代春慶、檜山納豆、大館曲わっぱァ、トロンドンドン、ドッコイナア、ヨーイヤアナー。

○烏帽子直垂（ひたたれ）　立派に見せかけ　天神様のようだ、ソレソレ、嬶（かかあ）とねるときァ矢張（やっぱり）ああして、立派でおしゃじべか。

○戦争このかた禄高増すとて今まで待ちたれど、ソレソレ、待ち様（よう）のわりせか、話ばかりでけっそりつめられた。

○つめるもつめたし能（よ）くもつめたし、人々大くどき、ソレソレ、科（とが）なき頭の髪までつめられ、そっくりいがあたま。

○向こう行（ゆ）く旦那さん襠高袴（まちたかばかま）で、米町かけの馬、ソレソレ、長州征伐水戸にえげたば家さめて泣きやァがった。

○おら家（え）の米櫃（こめびつ）ァベラボの性だか、非常に舌を出す、ソレソレ、朝食って晩ない、米櫃ァお軽で竈は由良之助。

○お前達（めやたつ）聞いてけせ、いうにも恥ずかしおら家（え）の人はまた、ソレソレ、酒こも博奕（ばくつ）もさっぱり出来ねで、そうして今朝（けさ）戻った。

○日暮れになると用向きこしらえ、毎晩かけ出し、ソレソレ、締(し)めない事だとあと付け見たりば、宿こにこづばった。

○あんまりゴシャケて裏から廻って隙見(すきみ)をしてみたば、ソレソレ、かやきコ煮たてて、後家コと同意で痴話(ちわ)まけまくらてだ。

(引用者注　ごしゃける＝腹が立つ。かやき＝帆立貝の貝がらを鍋代わりにした郷土料理。貝焼き)

○御代(みよ)がかわりて明治になったりば、不思議なことばかり。御父(おと)さん女郎買って御母(おっか)さん学者で、息子は後世(ごせ)願い。

○およそ世界にテンポな人もあればあるものだ、ソレソレ、八郎潟から男鹿山くずして蒸汽入れるとよ。

○その山崩して蒸汽入れるも随分よけれども、ソレソレ、何につけても会社が無ければその山くずれない。

加藤俊三編『秋田県案内』(はかりや印刷出版部、昭和五年)

○「ヤートセ、ヨイヤナ」キッタカサッサ、ドン、ドッコイドッコイ、ドン、ドッコイナ「マカロフ沈没、ステセル降伏、今度はクロバトキン」ソレソレ。「東北男児に、羽根ぶし折られてハルビンでテテッポポ」キッタカサッサ、ドン、ドッコイドッコイドン、ドッコイナ

以下、囃し言葉略

○秋田名物、八森鰰（はたはた）、男鹿では男鹿ブリコ、能代春慶、檜山納豆、大館曲わっぱ。

【解説】この唄は昔から唄われているものであるが、その名物とするものは今日においてふさわしくない。新作名物の唄が出来ている。しかし、よく代表的なものとされて紹介されている。「男鹿」は八郎潟の西方にある半島で風光絶佳、八森は山本郡北方のある海岸の漁村、鰰は初冬に捕れる魚で鱗なく、味淡泊であり、煮ても焼いても食べる。佐竹公遷封にあたり水戸よりついて来たとの伝説があり、秋田特産の魚とされている。「ブリコ」とは即ち鰰の卵である。

○秋田名物、コの字をつまんで数えていうならば、子供（ぼっこ）にガッコ（香物）、木皿（かさ）コに皿コ、酢（すっ）コに醤油コです。

○棚コの隅コの笊コの蒜（ひる）コ、味噌コで雑交（あえ）たとさ、椀蓋（かさ）コで汲（すく）って坐頭（ざと）コに食わせたら、うまいと喜んだ。

○橋コの下で、河童（かぱ）コが河童コ生（も）た、もた子も河童コ、その子も河童、親河童子河童コ。

【解説】コの字づくし　当地のなまり、また助語に用ゆ。

○一丁目二丁目三丁目四丁目、五丁目六丁目だ、カンカン鍛冶町馬喰町（ばくろまち）から　川口新川（しんかわ）だ。

【解説】秋田市の大通り町名

○さっと降る雨、濡れて来るかと、嬶（かかあ）は傘（かさ）もて迎いに出たれば、知らぬ姉（あね）ちゃとしゃれしゃれ戻て来た。

○拭いて拭いて、しっかり紙はさめ、また拭きなおしてソロリと入れる、蒔絵のお重箱。

○岩永左衛門、阿古屋責めるに、胡弓と琴・三味線、向えの舅が、嫁どこ責めるに、火箸と灰ならし。

○平井権八、みめこそよけれど、心は悪心だ、きりきり勝負で、取ったるお金を、遣うは小紫。

○曼陀羅小路を、ぶらりと通ったば、頭で七両二分、それではならぬと、ダミ屋に行ったら、福助くたばてた。

【解説】曼陀羅小路には、かつて女郎屋・芸者家などあり、花柳の巷であった。青春の犬養木堂が名妓お鉄に耽溺したのもここである。明治十九年の大火後、女郎屋は南鉄砲町へ移転し、芸者屋は川端へ新築された。（引用者注・曼陀羅小路は、現在の秋田市山王大通りの一部）

○いずれこれより御免こうむり音頭の無駄を言う、皆様おさわりあろうけれどもサッササと出しかける。

○秋田言葉、葉コに腕コ、笊コにかさコです、馬コに牛コ、犬コに猫コ、子コから子コ出はる。

○秋田ネサネサ、能代でネ、函館上がマサエ、津軽言葉じゃっぎとまいせん、それからこわせんだ。

○秋田で蕗漬、小坂で金銀、大館曲げわっぱ、角館樺細工、能代で春慶、湯沢で福れ餅。

○汽車も早い電車も早い電信なお早い、おらいのじゃっちゃ、また早いどこえいどて、足袋はいて足洗た。（または、飯前に湯コのんだ）

○美人は川端、山では金銀、土から油湧く、名所は男鹿島、十和田に田沢湖、花なら千秋公園。

○山コで見渡せや、金コに杉コ、湧き出す油っコ、里の姉コは綺麗な面コで、炭コ売りに来る。

○秋田よいとこ、名物沢山、東北一番だ、金山木山に花咲く公園、美人は舞い踊る。

○秋田名物、金銀細工に織物ァ八丈だ、お茶菓子諸越、上戸は両関、下戸だら河辺餅。

○月に諸越、花には両関、雪には河辺餅、金銀細工に織物八丈は秋田の新名産。

『秋田郷土芸術』（秋田郷土芸術協会、昭和九年）

＊前掲『日本民謡大全』『秋田県案内』と重複するものは省略。

地口は諸所で作詞されため、収録の煩に堪えぬが、おもに膾炙（かいしゃ）するもの、及び比較的古いものを登録する。

〈秋田市〉

○秋田名所は海には男鹿島、山では鳥海山、田沢の翠（みどり）に十和田の紅葉に絵かきは筆投げべ。
○太平山から四方の景色をのぞいて見たれば、舟は沢山、大漁満作、秋田は大繁昌。
○秋田の女、なんして綺麗だと聞くだけ愚（こけ）だすえ、小野の小町の生まれ在所、お前（ま）はん知らねのぎゃ。
○在郷の芋助、日光に行くどて、八角時計背負（しょ）った、背中で十二時ドンと鳴ったば、狼狽（うろたい）でぶん投げだ。
○お前だちお前だち、踊り子見るたてあんまり口あくな、今だばいいども春先などだば雀コ巣コかける。
○姉さん姉さん暗いどこよいたて決して行ってァすな、みづ金のむよな事だのあるだば金銭ですまないでァす。
○ベラボにぢぶどい胆のすわった浪人だァちめが、三月節句は御登城目がけて鉄砲でやらかした。
○ろくだきろくを持たもの見るよに大老職になて、下知の政治をひいきにするとは臆病未練だぇ。

○新屋の若衆、盂蘭盆さないどて大根さ勘当きせた、若衆の事だば大小も持たないで鎌でやっつけだ。
○天徳寺のお長老さんな、お医者のふりしてやばせで女郎買てだ、水晶の数珠に末香の香するお医者を見たことない。

〈北秋田郡〉

長木村・下大野村などには秋田音頭が踊られている（引用者注・長木村は現大館市。下大野村は合川町を経て現在北秋田市）。しかし県北のここらに淀んで幾年、おのずと地方色を帯びて、また趣がある。その冒頭に、「ヤートセ、こら小隊前すすめ、ドロンのドンたら足あげろ」という切口上があって地口となる。そして間囃（あいし）に「ばば来たニャゴロン、ばば来たニャゴロン」などの囃しが聞かれたりする。
○おら家のあんちゃん、学校さ入れだけァ、よっぽどものおべだ、魔法の法やら手品の法やら、足袋はいて足洗た。
○電車ははやい汽車ははやい電話はなおはやい、なんでもかんでもはやいといったら足袋はいて足洗た。
○昨夜もがらがら、今夜もがらがら、棚から鍋おぢだ、何だと思うて見だどこァ、隣の三毛猫。
（間囃。ばば来たニャゴロン、ばば来たニャゴロン）
○おら家のお多福ァ滅多にないごと、鬢（びん）とて髪結った、お寺さゆくとて、そばやに行ったげァ、みんなに笑われた。
○日中の昼中、山中の山なか、じっちゃとばっちゃの――ちんちんちろりこ、おらだけァ見んで来た。
○女郎というもの鑑札もたなけァ肩身のせまいもの、梯子の隅こをはさんで旦那さん上がらんせ。

下大野村で大正年間、木戸石八幡神社の遷宮余興に催された音頭の地口は

○村を守護する八幡社はこの度出来上がた、よい日を選んで今日のお祭り皆さん詣らんせ。

○老いも若いも男も女もお詣りするがよい、村が栄えて喜びくらすも神のおかげです。

○世界にまけない日本の国民そのわけきいたれば、神を拝んだ清い心の日本魂です。

○神にささげる手踊り、子供はさても愛らしや、振袖姿で踊る様子は牡丹や女郎花。

○かあい孫子が舞台に上がって踊りコ踊れば、見ていた親達うれし涙をほろりと一しずく。

○酒をのんだら笑うて謡うて踊りコおどらんせ、一杯機嫌で喧嘩口論、神様大きらい。

○豊作満作、田作畑作、今年は大あたり、百姓のふところ大々福々、たらふく飲みましょう。

○トントンピロピロ、チンチンポンポン、はやしを聞いたれば、なんぼ俺らよだ年とったとっちゃも踊(おど)たくなってくる。

〈仙北郡〉

仙北音頭は、秋田音頭の仙北化したものである事は明らかであるが、何時の時代に移入したかは審(つまび)らかでない。仙北音頭は維新前後まで盆踊りとして諸所に踊られたそうであるが、今は桟敷踊り、即ち観衆に面し一列に並んで踊る踊りとなっている。その地口も秋田音頭そのままで、諧謔を主としたものである。

踊りは秋田音頭の男性的なるに反して仙北風のなごやかな女性的踊りとなっており、踊り子の扮装も秋田音頭なれば半纏に股引、それに鉢巻というキリリとした装いであるが、こちらはお振袖に襷ぐらい

のところ、拍子も秋田音頭なればキッタカサッサと勢いよく出るところを仙北音頭は「ヤートセ仙北音頭です」とやさしく出、地口の終わりの囃子も秋田音頭のキッタカサッサ、ドンと太鼓に移るを、こちらはセッヤンと合いの声を入れてドンドン、ドド、ドド、ドドドンと太鼓を打つようになっている。三味は二上りである。

○地震ばらばら雷ごろごろ稲妻でっかぴか、婆様はよう出れ桑原萬歳楽。

○女房という奴のさばらかしては際限ないものだ、夫の頭で三番叟踏むやらあぶない狂言だ。

○踊るも跳ねるも若いうちだよ、おらよに年行けば、踊りだけだばしっかり踊てもさっぱり褒めてけない（くれない）。

○あの子この子梯の子、すきしてひり出す父なし子。

○猫はころころにゃん、犬わんわんわん、雀こちゅうちゅう、鶏こうこう、鳩はてでっぽ。

○一丁目小路のしぶたれなのは、必ず買うごてない、三百取られて揚げ句の果てには鼻までもがれる。

〈雄勝郡〉

「豊年踊り」 西馬音内町で旧暦の七月十六日から二十日まで催される。産土神の祭事世話方が指揮で、路頭に櫓をかけ篝火を幾箇所にも焚き、踊るものはその篝火の周囲をめぐって踊りまわる。踊り手は男女老若の差別はなく、おもいおもいの服装で、かぶり物は彦左頭巾・お高祖頭巾・笠・編み笠・頬かむりなど、女子供などは手拭を六ツ折りにして鉢巻するもある。履物は下駄・草履が多いが、中には草鞋、ゴム靴のものもある。楽器は大太鼓・小太鼓・笛・鼓・三味線・摺り鉦の五種で、踊る種目は音頭と甚句とであるが、音頭には二種あり、古来のものをトロ音頭といい、近来のものをトドン音頭といっている。共に秋田音頭の流れらしく、地口で囃し踊るようになっている。
○向こう行く姉さんああなるからにはヨッポド金かかた、上から下まで膏薬だらけで麝香のにおいする。
○おらえ（我が家）のお多福、滅多にないこと、鬠とて髪結った、お寺に行くとて蕎麦屋に引かかて皆に笑われた。
○奥州仙台白石城下で女の敵討ち、姉の宮城野・妹の信夫で、団七首おとす。
○西馬音内（にしもね）通りをグリット廻たば蛍が飛んで来た、うまいと思ってギッチリしめャたば、隣のはげトッチア。

近　泰知『植田の話』

＊近泰知（こんたいち）は平鹿郡植田村（現横手市）に明治四（一八七一）年に生まれ、明治二十七（一八九四）年、秋田県尋常小学校本科正教員の免許を取得。同三十八（一九〇四）年まで小学校教員を勤め、以降、上京し会社員。大正九（一九二〇）年に帰郷し、地元銀行等に就職。昭和二十九（一九五四）年、八十三歳で没す。郷土誌「植田の話」は、明治二十一（一八八八）年、数えの十八歳から調査研究に着手し、十六年間取り組み、教員を辞した時点で一応の終了。のち、随時、補筆・訂正を加えた。一九八五年に十文字町地方

史研究会の編集により、秋田文化出版社から刊行された。

「拍子と地口」

各市町村の地口を回収せるものにて、声拍子は各地異なるも地口拍子は皆一致す。左記植田拍子は各楽器合奏なれども、太鼓拍子と地口拍子とを記す。

ドン（太鼓）ドッコエハリワエナ　ドン（太鼓）ドッコエナ　ハリワエナ　ドッコエナ　ドッコエハリワエナ

地口入　俺ァ家のお多福ァ滅多に無いごと　鬢(びん)採(と)て髪結てた　ハリワエハリワエドッコエナ　ドッコエハリワエナァ　お寺さ行くどて　蕎麦屋サ引かかて　皆(みんな)に笑われた

地　口

〽いずれこれより御免な蒙り　音頭の無駄を言う　当たり障りも有ろうけれども　サッサとだしかける

〽秋田名物八森鰰　男鹿では男鹿ぶりこ　能代春慶　桧山納豆　大館曲ワッパ

〽秋田の国では雨コァ降たたて傘いらネァンす　手頃の蕗の葉バッサリ冠てサッサト出て行くヨ

〽三丁目橋コのカッパコ淵コで河童(かぱ)コはカパコ産(も)た　その児もカパコゥその児もカパコゥ　親カパ女(め)カパコダァ

〽棚コの隅コの笊コの蒜コ　味噌コで和(あ)いだどサ　椀蓋(かさ)コですくッて座頭コに食(か)せだば　うまエどて鼻

鳴らす

〽一丁目川反の夫婦喧嘩を覗いて聴いたりバ　屎食えベラボウ空口利ァがな　ンがものァ俺ァものだ

〽向こう通る兄ンサン　ああなるからにはヨッ程金遣た　肩から裾まで膏薬だらけでジャコウの香エャする

〽弟ィ衆　弟ィ衆　夜遊びなどなら必ず止めてけれ　血気の若ケァ者ァ何にもさねァでだまって居られネァだ

〽上丁の嬢子アタ　体面大事に桐の箱入りだ　いつの小間ァに箱　虫喰たやら　ポッチリ穴開てだ

〽アバ家の姉コダァ　難産する時ァ死にたくネァと云った　二十日もたたネァで大根洗レァしたりばこれだば死んでも宜し

〽畑は上等　肥シの力で　このまし（偉大な）西洋水瓜　果たして緋エは無論と思たリャ　哀れャダオ色だ（ダオとは薄茶の鳥のこと）

〽稲妻ピカピカ雷アゴロゴロ　おばちゃコァ　おかネァがて（恐ろしがって）　若勢サなサァがて（寄り添って）　身ぶるきしながら　臍など抜えてけな（くれるな）

〽中丁のアバ（女）たら　手くせァ悪りくて　鰹節盗で行た　裸にされでェぎんみされだば　臍から出だケトヤァ

〽貧乏タラタラ　一升買ェするたて　寝酒コ止められネァ　褌質置いて半盃買たりば　猫ァ来てされァまけた

〽ヤルチャナヤルチャナ何杯やつけた　しぼり（大根おろしの汁）のすまし餅　二番ニァ餅だヨ　舌コォ鳴らして　十杯打ッつづけ

〽良こと見つけた　泣くどこ見つけた　七両二分よこせ　七両二分などァ何時でもやるから　その者ぐど（速やかに）よこせ

〽ドンヘッタクヘッタクレドンヘッタクレ　隣の姉コァ腰巻一つで　胡瓜コ洗ていた　かげから腰巻ゴエッとたくたば（まくったら）バカオジヘッタクレ

〽横丁の兄ン子ァ　だぶりばり（面貌ばかり）良エども　茶屋酒呑みづけて　三百取られだ揚げ句の果てには　鼻までもんがれだ

〽テテ（夫）ァまた仏で　カカ（妻）また処のハヤリの神様で　テテには赤ケァ飯　カカには白酒　上げたりおろしたり

〽去年も上作　今年も上作　蚕も上作だ　俺ァ家の嬶だも江戸相撲見てから　上作打ッ続け

〽爺様と婆様のツレコト（口喧嘩）みたよなバルヂク艦隊は　行くの出るのと掛け声ばかりで　とうとう丸つぶれ

〽俺とお前どて茸を取るどて　山の林コで　コタ（このような）ことしたどて　夢見た話　姉コにごしゃがれた

〽飯を食わねば腹もすきるし　裸のせんたくだ　泣き言並べて思案したたて　稼ぐに追ッつかネァ

〽隣の姉コァすだれコさげてて　納戸サ昼寝した　寝相が悪くて近所のガギァだ（童達）芦コで突づだ

とヤー

〽―穴一村から仁八の娘コァ大慈寺谷地サ嫁にきた　兄コは藤巻　嫁コァ阿気して二人で耳取だ（村名人）

〽バッサリ音した　見つけられたと暗闇はい出して　息もつかねで半時かくれて　案山子のベラボーメ

〽三助兄ンコは山草刈る時　寅七弁当喰た　次の日、寅七ァ三助兄ンコの嬶から礼された

〽痛デァデァ　離せデァ　小ッ好きデネァ（ない）こと　向こうの兄コたら　その時ァ疾ックにワッパカ（引用者注・一日の仕事量）出来して　あばににらまれた

〽三年三月でつるかけ流行たと　童子方苫押した　泣き音するがら苦取て見たれば　姉と向のオヂ

〽蚕預けで　二月居ネァがた　紫前ン垂り児　役内もどりに田沢の兄から　コッソリ買てもらた

〽毎日毎晩　夜昼稼いで美味物喰もさねで　三分の色気と七分の欲気で　ガッカリ瘠せたもだ

〽ドン　踊れィよく踊れ　ドンよく踊れ　上手だ上手だ　なんたら上手だ　お前また足上げて　腰コゥねじったり　とっくレァ返ッたり　ホッホー　エッチャナヤー

〽かくれみの着て飛んだり跳ねたり　好きの三昧した　コレァ夢だよ　写真にとったら　ホッホー　おかしベナァ

〽白玉はばけて目の玉白黒　背中に拳玉　赤玉青玉花火の尺玉　胆玉おつぶれた

〽三貫借れだテ帯皮やったし白酒のませだし　下の磨ケァだのしゃづげァたことだのァ　糸瓜の皮でもねァ

〽ゆべな貰った大きい桃だば桃太郎ァうまれべが（うまれるだろうか）　桃太郎ァ生まれる大きい桃だば

毛のある赤桃だ

〽姉コ納豆屋　甘ば買ってやる　庭サ腰おろせ　今朝方起こして今来たばかりよ　ハダケテ見てたんせ

〽御十八夜の月の出るころ、オヂァかっぱとた　おさん子ァコソコソ泣いたり笑たり　暑中の裸参り

〽この手はうまェけか　あの手はうまェけか　さきだの味瓜ヨ　姉コァ持て来た長くて割れたナ　一番うまェがけナァ

〽人は居ネァナと苗代の田堰サ　おばこァ小便してだ　舌を長めた黒犬ァ出て来て林サ走らせた

〽あれあれ　テテ（夫）ァまた何してのびだべ　夢でも見たべかやァ　ナンタラゴッタラ　木枕外してオカワの小便まけた

〽兄コモ兄コ　嫁コモ嫁コ　何ンにも知らねケド　枕元から箪笥の赤ゲァべべ（上等の衣類）　皆がら盗まれた

〽茶色たものでもダオ色西瓜でも　うまェバ何でもエ　アコ（彼処）の小屋コの姉コァ　西瓜だば　請け合って真赤だケ

〽滋養あるとか精力ァつくとか　貝コの大はやり　栗コの渋むく　ゆべな貰った石貝コァ口開てた

〽おばチャコおばチャコ　踊りコ踊るも　一人は今年だけ　来年踊ればヂャッチャア付いていて　お前から離れネェゾ

〽ギッチギチ　ギッチギチ　板敷きァギッチギチ　ホゾッコァぶ抜けて　金梃握って　大工ァ来て　持チャゲテタ（持ち上げてた）

〽新丁の若後家ァ林の小屋コで昼寝コして居たば　髪切り虫ァ来て　サクサク噛まれて　ベチョかいで泣てだけど　ドン　オカネァケ　オカネァケナァ　ドン　オカネケナァ

〽後家ギャチャ納戸で夜中にうなるし　嫁コは走て行て(え)　ゴエット戸開けてギャチャァと呼ばたばギャチャ足ァ四本あるけ

〽酒屋の親方　一桝樽ァ長ケァくて　ががさん大くどき　容れ(え)ァ良過ぎて　むさしの杯ァ　とうとう飲み切れネァ

〽親方親方　鉢巻してから床サ這入(ひゃっ)てけれ　言(ゆ)た口ァ乾かネァ　夜中に成たりば鉢巻取てけれ

〽隣の後家ギャチャ　向の兄コと裏の小屋に這入た　若勢コァ見ていて戸開けて行たりば　頭さ莫蓙冠た

〽あれあれ　あばァヨ　髪からけつ（尻）まで白粉まぶれだセァ　隣の兄コァ一人で餅つく　そこまで行たベナ

〽十四のおばこァ口のあたりにフクダラ毛が生えた　十九になる時(じき)　ギチになめられテロッと（全部）皆ぬけた

〽向の兄コァ食てみでけれどて　カコベコ（引用者注・小さな手籠）持てきた　何(なに)うまァものだと　おばこァ探せば　大きな赤メロだ

〽赤い腰巻締めて横目で栗の木回(まわ)て見て穴見でァ　つつきつつき　どごがのケラツツキ

〽隣のおばチャコ　俺家(おらえ)の小屋コで　何して泣でだけァな　お前の兄コァ鴨捕た見れどて　鼻穴くじた

もの

〽あばでば　あばでば　下のツァ（おじさん）来て　何してあらげるせァ　銭ンコ借れてた　あちゃ行て遊べ　わらしのきぐごて（事で）ネァ

〽お前家のあばァだ　俺家サ来て居で　ドドと灸立てだ　俺家のドドだば　キカナク（いたずら）するどど俺さも灸たてる

〽ブリコォ数の子干鰯のデンブで　正月モロミ呑だ　葱の粕もみ一杯だご貝焼で　鱈腹舞込んだ

〽ヂャチャ　ヂャチャ　今かた何して叫だけ　髪だのとけて居た　お前家のツア（親父）来て　コブラ（腓）長げァどて　足ヘラ（底）コチョがした

〽おナベコァ　ちぁ死だ　俺家でァあば死だ　なんたら出来ねァてナ　お前家サ一晩おらえサ一晩　泊まりコせばエーナァ

〽隣の姉コァだ　寝ぶかきしながら　かんじょ（便所）さ這て行たば　毒べちょ（蝶）ァ二三羽　跨さとできて（飛んで来て）　デラッとただれだと

〽横丁のおばコァ　つくわ売りがら十本買ってきた　納戸さ這入て　五寸の大物ベロット皆喰った

〽ドド　ドド　あこ（彼処）がら隣のアバァが　泣き泣き家さ来たでァ　ほんとか　ほんとか　ここさ来るなヨ　アバ家のちぁ逃げた

〽隣のアバァヨ何すに来たけァな　俺家でァドドばりだ　灸立てするシャテ　コラコラこれ呉る　お前ァだ、あちゃ（彼方）さ行げ

〽お寺の茶釜さシッパコァ生えだど　なんとか拝ませれ　文福茶釜をドッサリ投げだば　バッサリ毛が生えた

〽向のトッチャだ　今夜もまただが　毎日酔たぐれで　三太郎ァ来たべと荒げ八丁　ヂャチャヤどさ面目ァネァ

〽先月五十両　今月二十両　もらって居だどもさェ　ろくなお礼もする時ァないので　ヂャチャヤどさ面目ァネァ

〽トッチャの湯治さ俺が付で行て　戻りに中風ァ当たた　トッチャたれるし　俺ばり丈夫で　ヂャチャヤどさ面目ァネァ

〽隣の兄コだァ悪り癖あるでァ　遊びに来て居でで　誰も居ないばアガベァはだげて（あかんべをして）法事菓子さらて行ぐ

〽浅舞の久力（乞食）ァ　馬鹿だというども　全く馬鹿でもねァ　朝から晩まで文福めかしてケシネコ（引用者注・穀物）貰て来る

〽植田の大村　グリッとまわたば　不思議な商人ァ来た　ケッツ（尻）のダンコ（脱肛）ァ抜けらば抜けれと　ザルとカコベァ　エガァ（買わないか）

〽踊りコ踊るも今晩きりだよ　セッセと腰のして（伸ばして）　汗コァ出たなら裾から風せで（入れて）膝株くつけるナ

〽俺家の馬鹿テデ（亭主）ァ　稲妻見るよな眼でにらめァがた　お雷みたよだツンベイたれァがて　お

どげァて起きァがらネァ

〽黒い処を押し分けかき分け　かけ分け押しかけて　一こし落としてソロッとさしたば　ベッコ（鼈甲）のかんざしだ

〽ケダニ（引用者注・ツツガムシ）コよりおっかねァ（恐ろしい）ものだよ　植田のエビス俵（引用者注・飾りつけした俵をかつぎ、村内を巡り神社に奉納する五穀豊穣祈願の祭り）　ホラを吹き立て　地蔵の旗立て　弓張り先に立て

〽角間の若者ァ跡ついて見たりば　志摩村舟場でナァ　男を立て立て　舟コぶまけて　平家のズブクグリ

〽姉ちゃめ姉ちゃめ　裸を見たのは只今初めてだ　こちゃ向いでみれたば　口に手をかけ　マンチョなどかくしたケ

〽文福茶釜をドッサリ投げたば　バシャッと毛がはえた　和尚も閑居も長老も小僧も　これ見てタンマゲた（驚いた）

〽ンガヨダ（お前のような）お多福ァや（嫌）だがら出しゃがれ　ンが（お前）のものァ何ンにもネァ（無い）ぶっこれつづら（壊れた葛篭）さ　にしめた腰巻　鏡のさやばかり

〽俺ヨだ（俺のような）馬鹿奴(め)と　ンがヨだ（お前のような）野良奴と　八橋で女郎買った　揚げ句の果てには三百取られて鼻までもんがれだ

〽お前家(え)で兄ンコサ提灯近迎けァ　めんごえ嫁コ取た　俺家さ盆な来て盆ドロ（引用者注・盆灯篭）下げ

だて　俺ァどさ嬶取らネァ
〽白玉食に行て　まんじゅう出されて胆玉ぶぬかれて　上から赤玉　下から白玉　腹中玉だらけ
〽踊りの上手もメメ（見目）のよいのも　土地柄筋柄だ　何でもかんでも嫁コをほしがら　ここから貰たんせ
〽三イ月かかって踊りコ習たば　漸く人になた　踊ったおかげで腰アベ（塩梅）ァ良どて　嫁コにもらわれた
〽一杯機嫌で踊りコ踊たば皆にほめられた　宜い気になりァがて頬冠取たりば　息子におこられた
〽どごさ行っても不景気話でセッペァ（精一杯）に聞き飽きた　三味線太鼓の踊りの拍子で不景気ボンナグレ
〽隣のおばコサ踊りコ教せだば襌礼にもらた　面白レまぎれに嬶どざ見せだば　頬タボひねられた
〽嬢子さん嬢子さん　久しぶりだよ　おかさんまめだすか　そう言て別れて後ろを見たりば　ケッツァおがたごと（お尻が大きくなったこと）
〽テデァどこ（亭主を）留守ぎ（居）に　隣の姉ちゃと踊りコ見に行て　戻りに寄せだば　テデァ寝ってで　襌あましてた
〽植田名物　越前ソバ切り　お客に食わせだば　十二杯食てがら　俺だばシネァくて　あんまりエデデネァ（好きでない）ど
〽さよがっちゃ（嬶さん）さよがっちゃ　せだて（先達て）頼んだ黒の紋付ヨ　おやおや忘れた　七ツァ

鳴たども　先ず先ず行てみろか

〽真っ黒だ真っ黒だ　面(つら)から手足が真っ黒だ　お前はどごヨと尋ねて聴たりば　田村の根子掘りだ

〽孕子鰰ネラネラするどごァ一番ンメァどごだ（うまいところだ）　三吉ヂャッチャは三尾食てがら　下腹張てきた

〽持たべた居たべた来たべた寝たべた　こしきコァふけたべた　そだべたンだべた　べたべたつだ（搗いた）べた　お前物ァ餅だべた

〽何タラ、ンがタラ　いっつもかっつもそのざま見ァがれでァ　赤ェまま食(か)せるァ　手洗て帯して小便して湊かで（かんで）こえ

〽鬼に金棒二品得たりと流石は天一坊　大岡の智謀で逆謀あらわれ　泥棒道心坊

〽はやるお医者は流行る病気に果たして走せて行く　張らない腹など張らせて流行ると　果たして流行らない

〽旱魃しのぎに用水供すと掘り抜き仕掛けたりゃ　立派な議員は赤い声出す　拍子はドンコイショ

秋田市　関嘉吉氏作左に

〽マカロフ沈没　ステセル降伏　今度はクロバトキン　東北男児に羽根プシ折られて　ハルピンでテテッポポ

『秋田県の民謡』（秋田県文化財保護協会、昭和六十三年）

＊秋田県教育委員会が昭和六十一、二年に実施した「民謡緊急調査」の文字記録報告。秋田音頭は十一市町村、詞の数は九十八に及んでいるが、その中から抜粋。

〈増田町〉

〽ヤートセー　ヨイワナ　コリャしっかり落ち着いて　小便して鼻かんでサッサと出しかける

〽地口というもの口から出放題　悪口当たり前　言われて悪がら楽屋さまわって　おれどさ一升持てこい

〽吉野鉱山かぶづけ会社で　糞売ってポンプ買った　しばらくたてから山さ出はたば　炭小屋火事なた

〽おら方の若ぇ者三人揃って女郎屋さ飲みに行た　女郎衆に振られて二階から落ちたば　片足手けァになった

〽去年はケカヂ（引用者注・大凶作）だ　今年は不景気だ　売るもの何にもねえ　ふんどし質置いで一升買った酒こ　ちゃこ（引用者注・猫）来てまげぇた

〽減反減反で不景気だ話コ　この頃もっぱらだ　電気料高(たけ)どて　はっから寝げしゃたば　あば腹満タンだ

わらび座の「秋田音頭」（一九六〇～七〇年頃上演）

＊民族歌舞団時代、わらび座は舞台や街頭、集会等で秋田音頭をよく上演していた。その中での代表的な歌詞。

〽あの税この税役場の税とて息つくひまもない　着る物質おいてすっかり払たば　風邪ひいてゼイゼイだ

〽汽車もあぶねえ電車もあぶねえ自動車なおあぶねえ　後生大事と歩いて行ったばジェット機落ちてきた

〽アメリカさんのベトナム侵略　バナナのたたき売り　買った買った（勝った勝った）、買った買った（勝った勝った）と　どんどん負けていく

〽日本よいとこ芸術花咲き文化も高ござる　何でもかんでも高いがよいとて物価も高ござる

あとがき ──秋田の芸能の特徴

秋田の東端、仙北にいて、他県、特に岩手の芸能と比べると、その違いの大きさを痛感することがしばしばだ。

岩手は、鬼剣舞・鹿踊り・山伏神楽等、日本を代表する芸能を先頭に、民俗芸能が全域に数多く分布する。剣舞も鹿踊りも神楽も、中世あるいはそれ以前に淵源をもつ芸能でありながら、時代を超えて練磨した舞踊の力は圧倒的である。

秋田は、番楽やささら（獅子踊り）は岩手のものと同根でありながら概して素朴で地味であり、分布も一部を除いて濃くはなく、神楽に至っては仙北を除き殆ど絶えてしまった。代わりに隆盛しているのは、祭り囃子やそれに付随する踊り、あるいは盆踊り等の華やかなもの、その極みが西馬音内盆踊りではないかと思う。概して、伝統を固守するというより、柔軟に受けとめる傾向が強いのではないか。

また、民俗芸能以上に秋田の人々の心をとらえているのは、秋田民謡の数々だ。

昭和三十年代にＮＨＫ全国のど自慢コンクール・民謡の部で次々に優勝者を出すと「民謡王国秋田」のキャッチフレーズが生まれた。

それらは明るく賑やかでのびやか。清々とした歌声は秋田民謡の一番の魅力だろう。そして数ある曲の中でも一番秋田の人に好まれているのは秋田音頭ではないだろうか。

この秋田音頭に代表される、生を謳歌し、旬を楽しむ歌・踊りが、秋田では非常に好まれている。しかし、その一方、他地方ではとうに姿を消した古い習俗等がいまも現役で多数残っているのも秋田である。新しもの好きでありながら、恐ろしく古いものも残る秋田。どちらも同時に秋田の人の心性なのだろう。

それを形づくった要因の一つは、地理的な条件があるだろう。秋田県の北は白神山地等がそびえ、東は奥羽脊梁山脈、南は鳥海山・神室山・栗駒山にさえぎられ、陸上の交通はかなり不便で、他所からの物資と文化、人の流入は容易ではなく、従って古い文化・ものの考え方が残ってきたのではないか。そして西は海が開けており、海上交通は京・大坂からの物資を運ぶ船が春から秋にかけて到来した。それはハイカラな文化と自由な風の流入でもあった。地理的にも時期的にも限られているからこその、新奇なものへの強い憧れと希求。

わが国近代舞踊の草分け・石井漠や舞踏の創始者・土方巽が共に秋田の出身であることは、単なる偶然とは思えない、

＊

秋田音頭に見られる諷刺・諧謔の文化は、東北はおろか東日本でもあまり顕著には見られないものであり、秋田の誇るべき文化だと思う。

秋田音頭の地口は、日本のラップだとも言われている。地口の歌を獲得したことで、秋田の人々は事ある毎に方言のまま夥しい詞をつくっては皆で手拍子や三味線でうたい、踊って来た。これを現代のラップとして蘇らせられないものだろうか。七八九・七八九のリズムで、日常、おかしいと思ったこと・面白いと思った事柄を一ひねりして歌い交わすことができたなら、どんなに愉快だろう。土崎港曳山まつりの見返しコンクールにならって、あれを大規模により豊かにした「秋田音頭・新作地口まつり」の連年開催を夢見るものである。

小田島清朗（おだしま・せいろう）

一九五〇年岩手県生まれ。岩手大学教育学部卒業。

一九七二年わらび座入座。

現在、あきた芸術村民族芸能資料センター研究員。

著書『民謡「秋田おばこ」考』（秋田文化出版）。

編著『佐藤貞子没後60年記念事業報告集　貞子の心、ふたたび』（仙北市伝統文化活性化委員会）、『秋田県仙北地方ささら事業報告集　仙北のささら』（同）、『秋田民謡育ての親　小玉暁村』（無明舎出版）。

『秋田音頭考・西馬音内盆踊り考』

二〇二〇年十一月一〇日　初版発行
定価（本体一七〇〇円＋税）

著　者　小田島清朗

発　行　秋田文化出版株式会社
〒〇一〇—〇九四二
秋田市川尻大川町二—八
ＴＥＬ（〇一八）八六四—三三二二（代）
ＦＡＸ（〇一八）八六四—三三二三

＊

ISBN978-4-87022-592-3
地方・小出版流通センター扱